主升浪擒牛战法

丁力 ——— 著

四川人民出版社

图书在版编目（CIP）数据

主升浪擒牛战法/丁力著. —成都：四川人民出版社，2018.12
ISBN 978－7－220－10992－8

Ⅰ.①主… Ⅱ.①丁… Ⅲ.①股票投资－基本知识
Ⅳ.①F830.91

中国版本图书馆 CIP 数据核字（2018）第 211456 号

ZHUSHENGLANG QINNIU ZHANFA

主升浪擒牛战法

丁　力　著

策划组稿	何朝霞
责任编辑	吴焕姣　谢　寒　杨雨霏
封面设计	张　科
版式设计	戴雨虹
责任校对	吴　玥
责任印制	王　俊

出版发行	四川人民出版社（成都市槐树街2号）
网　址	http://www.scpph.com
E-mail	scrmcbs@sina.com
新浪微博	@四川人民出版社
微信公众号	四川人民出版社
发行部业务电话	(028) 86259624　86259453
防盗版举报电话	(028) 86259624
照　排	四川胜翔数码印务设计有限公司
印　刷	成都蜀通印务有限责任公司
成品尺寸	185mm×260mm
印　张	14.25
字　数	180 千
版　次	2018 年 12 月第 1 版
印　次	2018 年 12 月第 1 次印刷
印　数	1－6000 册
书　号	ISBN 978－7－220－10992－8
定　价	48.00 元

写给有志于在资本市场有所作为的朋友们

在参与股市的投资交易中，我们会反复思考一些基本问题。我们会发现，在资本市场进行投资就如同一场战争，因此市场中人也常把投资比作打仗，可见二者之间确实存在着某种联系。经过深入思考后，笔者把二者的异同总结如下：

投资与军事斗争的共同点：

1. 同样是复杂的人类大脑的认知、分析、策划、回馈的行为，投资人和战争指挥官都需要独自面对整个局面做出决策，并始终贯彻执行到底，在此过程中都会受到身心各方面的全方位考验。

2. 同样是一个渐进的过程，结果未知，当前的情况随时可能发生意料之外的变化，军事行动中对手常常故意释放假信息，投资活动中也有价格操纵者故意制造虚假的交易信号。

投资与军事斗争的不同点：

1. 军事斗争的敌人是活生生存在的，而投资活动则不存在有形的对手，主力是隐身在市场之中的，而主力既可以是朋友，也可以是敌人。

2. 军事斗争一旦交战就难免死伤，胜利者也必须付出一定的牺牲；而投资活动则可以选择空仓观望，一旦成功则是毫发无损的净收益，投资者对交易有主导权，这也是投资的最大优势。

杰出的军事家和优秀的投资者都非常稀缺。为什么会如此稀缺？有那么多的军事院校和商学院，为什么难以培养出常胜将军和持续盈利的投资者？难道，军事家和投资大师都是天生的吗？如果后天可以习得，那怎样才能达到常胜的境界？军事与投资的研究、决策和执行的过程其独特之处在哪里？军事参谋和分析师，指挥官和投资者之间的思维差异在哪里？

提起《孙子兵法》，相信多数人都不陌生，许多人都可以背诵其中的名言警句。《孙子兵法》是春秋末期著名的兵家代表人物孙武所著，所论述的是古代战争的实践与运用，在中国被奉为兵家经典，其内容博大精深，逻辑缜密严谨。它所阐述的谋略思想和哲学思想，被广泛地运用于军事、政治、经济等领域中。

作为一部伟大的战略学著作，《孙子兵法》从哲学的高度探讨竞争的法则，阐述了行动的辩证法。它的应用范围也不仅仅限于战争对抗领域，在体育竞技场上拼搏奋斗的运动员、教练员们，在商海大潮中搏击的企业界人士都可以从中汲取智慧的力量。这就是人们常说的"兵书不止言兵"。可以说，从这部享誉中外的智慧宝典中寻求兵法理论与经济活动的契合点，已经成为许多投资者的学习方向。

金融市场是竞争极其激烈的领域，世界上许多国家的投资家们长期以来一直在积极借鉴《孙子兵法》的思想从事股市投资。笔者认为，从《孙子兵法》中学习把握全局的战略意识、营造竞争优势的造势能力和做出正确"庙算"的决策方法是其中最重要的内容。

本书从股市投资者的角度，借鉴《孙子兵法》来说明股市投资的原理与投资策略及其对交易的启示，并且列举大量实际案例，便于读者理解炒股的诀窍，从而有助于树立正确的投资思维，掌握投资要领，达到稳健获利的水平。同时，把笔者投资股市十余年所建立的交易系统贯串全书，希望能够对投资者朋友有所帮助。不过，本书案例信息仅供参考，不构成投资建议，投资者据此操作，风险自担。

2018 年 6 月于成都

目 录

第一章

下手之前先做计划

《孙子兵法》的应用早已超出军事领域，扩展到多个领域中。我多年前开始研读孙子，并对其思想推崇备至，其后在资本市场从事投资多年，历尽艰辛之后终于总结出一套行之有效的交易方法，其中对《孙子兵法》的智慧多有借鉴。本书既包括了我在资本市场多年操作经验的总结，也包括我对《孙子兵法》粗浅理解的阐释，希望能够对 A 股市场的广大投资者有所裨益。

　　当然，由于战争是有具体的对手的，而我们在资本市场投资，则是面对着不具体、不确定的市场，即使市场上面有"主力"或者"庄家"，也是难以捉摸的。因此，在 A 股市场中不要去猜测所谓的"主力"，只要跟随市场趋势即可，所以本书笔者主要就是研究量化分析趋势，从而指导我们的投资行为。《孙子兵法》中对于趋势的把握也有非常具体的指示，我们接下来就逐步为读者一一揭示。

第一节

你真正重视投资了吗？

《孙子兵法》开篇就说"兵者，国之大事，死生之地，存亡之道，不可不察也"。说明了孙子对战争的态度是极其重视、谨慎的。我们今天在资本市场进行投资，虽然不像战争那样，会对一个国家、民族的命运产生决定性的影响，但我们的投资活动会对我们自身、家庭，乃至我们周边的社群，在某种程度上产生影响。因此，我们把投资活动比作投资人之间的战争毫不为过，也需谨慎对待，重视投资。

我们用来投资的资金有多有少，但都是辛苦挣来的，而投资的结果必定是有亏有赚，赚了钱的人自是兴高采烈，亏了钱的人多会愁眉不展。如果亏损过大，可能会造成投资者家庭不和，严重的甚至导致妻离子散、家破人亡，所以投资对我们来说绝不是小事，绝不可掉以轻心。笔者在证券公司、证券咨询公司从业多年，见过太多的投资者把投资视作儿戏、没有经过专业的分析就开始交易：有的随波逐流、高位入市；有的盲从朋友、跟风买卖；有的迷信指标、追涨杀跌；有的自我麻醉、放任套牢；有的听信消息、盲目买票……各种状况不一而足，但他们的结局大都是悲剧——要么绝望割肉，要么长期套牢。在笔者看来，这都是没有真正重视投资所导致的。

股市是个开放的聚宝盆，智慧者可以从中尽情地拾取财富；但它同时又像是魔鬼的藏宝洞，平庸者总是被关在其中，永远不能解脱。股市众生，千姿百态，千差万别。炒股很简单，简单到只要认识几个数字就可以；炒股又很难，难到有些人摸了十几年也不知道怎样从股市中赚钱。俗话说，没有金刚钻，就别揽瓷器活。资本市场就是一个战场，投资者在市场上争夺的是真金白银，没有真本事是不可能在这个市场上持续赢利的。所以，我们必须始终保持对市场的敬畏之心，不要以为随随便便就可以战胜市场。我们必须从一开始就重视市场，认真研究市场，做好准备工作再开始投资，这才是我们应该具有的正确态度。

第二节 ▶ ● ●

投资者的特质

《孙子兵法》非常重视领兵之将，认为这是决定战争胜负的关键因素之一。孙子在开篇就提出了"将"的标准："将者，智、信、仁、勇、严也"，又说"故知兵之将，民之司命。国家安危之主也"，可见孙子对将领个人的作用是很看重的。那么，对于投资活动来说，投资人就是"将"，手中的资金就可以看作是"兵"，这些"兵"是绝对服从且纪律严明的，无须我们再去训练，现在投资之战的胜负完全依赖于作为将领的投资者。因此，我们可以说：一个优秀的投资者，就是资本的统帅，家庭幸福之主也。

一、投资者常犯的 17 个错误

进行投资活动，首先要防范的就是来自投资者自身的风险。根据笔者所接触的众多股民朋友的情况来看，股市最大的风险往往来自自己。以下总结了一些投资者常犯的错误及防范措施，主要包括：

1. 在亏损较小和处于合理范围内的时候，仍固执地持有股票。不少投资者原本可以小赔出场，但却因不愿受损，一直等待、期盼，直到损失扩大到难以收拾时才认赔。到目前为止，这是投资者犯得最多的错误。这样的投资者并不了解所有股票都极具投机性，会有很大的风险。投资者必须尽量减少每一笔投资的损失。笔者的原则是，一旦某支股票从购买价格下跌了 7% 或 8% 时，就迅速止损。遵照这一原则，你终会在某一天通过投资未来的机会而东山再起。

2. 买处于跌势的股票，更有可能后果惨重。买处于跌势的股票，看起来好像是笔合算的交易，因为其价格要比之前便宜很多。2016 年 11 月，大智慧这只股票下跌得很厉害，笔者的一个朋友在当月购买了该股票。这是他第一次投资，犯了初入者易犯的典型错误。其购买价不足前一年度最高价的三成，他以为这已经很便宜了，但结果是，该公司陷入严重困境，差点破产。2017 年初，笔者所在公司的一位客户购买了利欧股份的股票，因为它的价格降到 4 元，看起来的确非常便宜。可一年之后，该股票的价格下跌到 2.5 元以下。所以买入处于跌势的股票应慎之又慎。

3. 买入时向下摊平而不向上摊平。如果你以 40 元的价格买入某只股票，之后又以 30 元的价格加码买进该股，则此时平均持股成本降至 35 元。但这会加重错误投资的程度，平白将资金押在原已错误的投资决定上。这种业余水准的策略会让你严重亏损，多玩几次就会让整个投资组合策略破产，所以坚决不要在手中股票已经走入下跌趋势后盲目补仓。

4. 总是买很多低价的股票，而不是购入价格较高的股票。很多人认为以 1000 股或 10000 股的整手数买入较多的股票是更为聪明的做法。因为他们觉得会因此赚更多的钱。实际上，投资 300 或 500 股业绩好的高价股，结果会更令人满意。你要考虑的不是买了多少股，而是投了多少钱。股票要买就买最好的，而不是最便宜的。对于每股 2.5 元或 10 元以下的股票，很多投资者都无法抗拒，但要知道，股价如此低总是有其原因的。这些公司要不是过去一直表现不佳，就是现在遇到了什么问题。股票和其他商品一样：没有千金，买不到千里马。

另外，低价股票的手续费和买卖盘差价通常较大。与大多数高价股票相比，由于质地较差，低价股票的风险往往会更大。专业人士、投资机构大都不会投资低于 5 元或 10 元的股票，所以这些股票的跟进及支撑买盘素质较差。ST 股票或其他基本面极差的股票则更是如此。如前所述，专业投资机构的认同是促使股价上涨的因素之一。

5. 总想在短时间内不费力气赚到钱。太贪心、太急功近利，却未做好充分准备，没有学会合理的投资方式，没有掌握应有的技能和应遵循的原则，结果只能是失败。在做出错误投资决定之后，却又过于犹豫不决，未及时止损，无法把握机会。

6. 依据小道消息、传言、情报及其他信息渠道、顾问公司的建议等来做投资选择。换句话说，很多人宁可听信别人的话，拿自己辛辛苦苦挣来的钱冒险，也不愿花时间学习、研究来提升自己的能力。结果往往是假消息满天飞，听信的投资者损失惨重。

7. 不会识别并利用有用信息和建议。朋友、亲戚、某些股票经纪人以及顾问公司都有可能提供错误的建议。他们之中只有很少一部分人才在自己赚钱之余，还帮助其他人一起赢利。优秀的股票经纪人或咨询机构很难找，甚至大多数证券公司的职员在投资方面都不具备专业水准。

8. 不使用图表进行分析，也不敢买正创高价的股票。超过 98% 的投资者都认为正创一段时间最高价的股票太贵了，但实际上，这样的想法与市场的真正情况差之千里。牛市中买入股票的最佳时机是股票刚从价格坚挺或看起来至少维持 7 至 8 周的一个基线处刚开始上扬的时候。

9. 一有小赚就获利退场，却紧守住赔钱的股票。换句话说，正确的投资方式和这种做法刚好相反：对于赔钱的股票要快速止损，对于赚钱的股票则要稍微耐心一些。

10. 过多地考虑税负和手续费问题。炒股的首要目标是获利。过分考虑税负问题，会很容易因为老是想要节税而无法做出明智的投资抉择。为获取长期资本利得，在该卖时不卖，会损失掉原本可以赚到的丰厚利润。一些投资者甚至认为股票一卖就要课税，于是不卖，自以为是却判断错误。同做出正确投资决策并适时采取行动赚到的钱相比，买卖股票所花的手续费实在是微不足道，尤其是在接受网络券商服务时。投资股票与投资房地产相比，有两大优势，即手续费低廉以及可以立即变现的高度流动性。通过高度流动性，投资者只需用较低的费用，就可以快速退场以自我保护，并利用好仍在不断发展的，可获利的市场行情。

11. 把时间都花在决定买哪些股票上面，而一旦做出投资决策后，却又不知道该在何时、何种情况下卖出这些股票。大多数投资者对于卖出股票没有任何原则或计划，为确保投资成功而应该做的事情，他们只做了一半。

12. 没有认识到购买那些得到专业投资机构认可的、质量较好的公司股票是非常重要的，以及运用图表分析去证实所选股票和投资时机的正确性也是非常重要的。

13. 在做出购买和售出指令时，极少按照现行价格交易，总喜欢进行限价。这样的投资人宁肯在1/8还是1/4（或小数点后的数字）上斤斤计较，却不去注意更大更重要的股市行情变化。使用限价单的话，会有可能因此错过市场行情，不能及时卖出股票来避免更大的损失。

14. 在应做出决策时犹豫不决。很多人不知道他们是否应该买入或卖出，这样的不确定性表现出他们没有方针原则。大多数投资人不遵循那些可以给他们提供正确指导的已被证实可靠的策略，或者一套严格的原则或买入卖出准则。

15. 不能客观地看待股票。很多人都按照自己的偏好来看股票。要做成功的投资者，正确的做法是注意市场行情的变化，而非只知道满心期盼和过于依赖个人意见。

16. 投股票而不是投公司。投资不是赌博，我们不应把投资看成是非赢即输的游戏。投资是承担一个合理的风险来为你相信有成长潜力的公司融资。投资应该分析的是公司和行业的基本面，而不是每天的股票价格波动。如果是基于市场的走势或者由于喜欢一个公司的产品而购买其股票，则最终注定要输钱。

17. 频繁交易。频繁交易会吞噬大部分的投资回报。实践证明，长期的买入并持有策略要远优于短期的交易行为。对投资持有一个长期的观点并且不让外部因素影响你做出突然的和重大的策略是非常重要的。据统计，1926年至2001年，美国市场普通股股票的年复合回报率是10.7%，扣除通胀和纳税之后，这一数字仅为4.7%。而世界著名的投资大师巴菲特，其年化收益率也仅仅只有25%左右，能够长期达到这一水平的投资者在全球范围内也是凤毛麟角。

在上述应避免的错误中，哪些印证了你过去的投资理念和投资行为呢？不当投资准则和方法只能是收效甚微；而合理的准则和方法总会为你记得财富。总之，不要气馁。记住罗克尼所说的："成功的方法在于发现和改正自己的问题，把自己的弱点变成长处。"改正需要时间和汗水，但最终你所花的每一分每一秒都是值得的。

对于股票投资者来说，正确的投资决策和投资行为往往非常难以形成和掌握；而错误的投资决策和投资行为，则往往五花八门、种类繁多，让人防不胜防，一不小心就可能犯下大错，使潜在风险成为现实风险，使自己的投资失利。我们必须从一开始就养成正确的投资理念、投资方法、投资行为，并始终坚持到底，这样才能成为市场中的赢家。

二、成功投资者的七大特质

那么，作为一名成功的投资者，又需要怎样的素质或者能力呢？笔者总结自身在市场中的实践，以及考察过往的成功投资者的特点，认为至少有七大特质是成功投资者的共同特征。事实上，其中几个特质甚至很难有学习的可能，你必须天生具备，因为后天很难培养。想要成为成功的投资者，一定要具备这七大素质：

1. 强健的体魄，强烈的求胜欲望

成功的投资者都是有着极强获胜欲的人。他们不只是享受投资的乐趣，而是将投资视作他们的生命。他们或许平时根本不看股票，那是因为他们已经反复研究过无数遍，早已胸有成竹。他们发自内心地热爱着这个阴晴不定的市场，在需要的时候，他们可以不知疲倦地投入其中。身体不好的人根本无法胜任这一工作。

2. 有自己的投资哲学，并对此深信不疑

究竟靠什么原则在市场上赚钱？对于这一点，我们必须首先就思考清楚，并找到一个确定不疑的答案，否则我们的投资就是盲目的。如果只是简单认为上市公司好，值得投资，可以看作价值投资的哲学；如果认为技术分析管用，可以看作是技术分析的哲学；但是，不管你遵循什么哲学，你必须对它有一个全面的、深刻的认知，不能一知半解，必须把它转化成自己的东西，对它深信不疑，唯有如此，投资者才能够在充满荆棘的投资路上坚定不移地到达最后的目标。

3. 建立适合自己的交易系统

成功的投资者都有属于自己的交易系统，这是其参与投资所必备的条件。投资者有了自己的交易哲学还不够，还必须想办法把它具体化。交易系统就是根据你的投资哲学模型化、数量化得来的，是交易哲学的具体应用，当然交易系统必然是经过无数次失败之后总结出来的，它主要包括三个方面：（1）建仓的具体条件；（2）继续持有的具体条件；（3）平仓的具体条件。

交易系统看似简单，但要求很明确，那就是必须可以量化。也就是说你的交易系统必须能够用精确的文字或者公式表达出来，不能只有你自己能够操作，你把它写下来，交给另一个人，也能够操作。当然，能不能贯彻执行得很完美另当别论，至少你要能够把各种交易条件、指标都表达出来，哪怕只给自己看也是可以的。有了投资哲学，再加上建立了交易系统以后，交易行为才不会盲目、不会彷徨、不会迷惑，这才是我们在投资路上的长久生存之道。交易系统是经过长时间思考、总结出来的，在实践中一旦发现有可以改进的地方，就要进行完善。

4. 高度的自信心，独立思考的能力

这两个特征是相辅相成的。我们在投资的过程中会面对无数的信息，包括周围人的言论，其中不乏很多专家、高手、老师的指点，还有媒体的权威观点；甚至包括上市公司发布的公告，以及满天飞舞的小道消息。不受外界信息的干扰，和多数人反向而行，如果没有一颗强大的内心，很难做到，更别说把交易行为贯彻始终了。独立思考的能力尤其体现在操作遇到挫折的时候，人在遭遇失败的时候很容易丧失自信心，从而听信于人。只有在遇到挫折之时，仍然不忘初心，凭着强烈的自信心，把自己的交易系统当作信仰来守护的人，才能走到最后！

5. 耐心

这一点相信很多人觉得并不是最重要的，但在笔者看来，耐心却是必不可少的特质。耐心其实和高度的自信心是互相关联的，如果没有高度的自信心和独立思考的能力，也不可能茫然地去等待。但是笔者把耐心单独列出来，说明它的重要性。笔者喜欢把投资活动比作打猎，一个优秀的猎人，动身追捕猎物的时候已经是胜券在握了，而在此之前，则是漫长的等待。猎人需要判断猎物会在哪里出现，然后静静等待它进入射程，最后一举将其拿下。猎人的大部分时间是在等待，这就需要忍。在投资方面，

等待机会的出现需要忍耐，一旦建仓之后，等待市场的波动从而获取利润，同样需要忍耐，这两方面的耐心都非常重要，缺一不可，没有强大的内心也是无法忍耐的，这也是一个优秀的成功投资者所必须具备的！

6. 强大的自控能力，理性而非感性

多愁善感的人是不适合做交易的，就像一句老话说的——慈不掌兵，喜欢感情用事的人关键时刻不能做出决断。只有始终保持理性的思维，才能产生持续的自控能力，只有先控制好自己，才能理性地按照交易系统的指导参与投资，并最终获取投资的成功。

7. 果断的执行力

我们参与投资是为了获取利润，耐心有了，控制住了自己，下一步就是在机会出现的时候，必须像猛虎下山一般果断出击，紧紧把握住稍纵即逝的市场机会。然后在我们交易系统所提示的卖出时机出现时，不管是盈利还是亏损，都需要果断卖出。一买一卖，看似很简单，其实都必须严格按照我们所建立的交易系统来执行。能否坚决贯彻执行，是我们投资胜败的最后一步，也是最关键的一步。

笔者必须申明，上述特质有很多都是天生的性格，难以改变，也就是说，你在日后能否成为卓越投资者的潜力已经被决定。但是其中有两点却是经过学习才能获得的，那就是投资哲学和交易系统。我们大多数的股民朋友，其实只要把这两条做好，就会对自己的投资带来巨大的帮助，也会对其他几条特质产生良好的促进作用。本书能够对广大投资者有所帮助的，也在于这两点。下一章，笔者就将向广大投资者讲述自己的投资哲学和交易系统，本书也是以自己的投资哲学和交易系统作为主线，来讲述笔者的投资感悟。

至于以上所列的优秀特质，笔者自信已经具备了其中的多数，并且一直在不断提升自己，希望投资者能以此为目标，不断加强这方面的修养。一个投资者的成与不成、大成或小成，最终是由性格决定的。但性格如何改善呢？就是修心。只有当我们能够放平心境，去积累、去思考、去感悟时，才有可能厚积薄发，达到投资领域的更高境界！

总之，投资者要在股市的大风大浪中搏击，敌人首先是自己。要想在股市纵横驰骋，先得战胜自己，战胜不了自我就战胜不了股市。要想在股市轻易赚钱是困难的，而要战胜自己就更加困难，投资者只有不断战胜一个又一个困难，才能走向成熟，迎接胜利的曙光。

第三节

《孙子兵法》树立的投资态度

股票投资的魅力在于这是一个创造奇迹与实现梦想的地方，这是一个可以充分发挥自己自由意志的地方。但是，这种过度的自由又容易使人性潜在的贪欲和放纵得到极度膨胀，失去理性和节制，它可以创造神奇，也可以制造毁灭。自律和约束是必不可缺的。

股票投资的成功之难，就难在不能知行合一。成败之间只隔一线天，在经历了成千上万次的锤炼、自省，才能具备勇气、忍耐、百折不挠等交易的基本素质，最终才能以正确的投资态度、严格的自律精神、科学的投资策略从事交易。交易理念和思想境界也晋升到新的层次，执行力逐渐提高，基本克服人性的弱点，做到知行合一。冲动交易和难以止损等低级问题，随着能力的提升也才能基本消失。

很多投资者已经积累了一定的实战经验。初时交易有理念、策略、计划，但实战时，又和自己的策略相背离。有时专家的分析也不准，这个时候不能心浮气躁，更不能否认自己的策略和专家的观点。因为此时不是你的策略有问题，而是你的知识点要不断完善、更新；也不是专家的观点错误，而是你误解了专家观点的本质，没有理解透彻。应看重专家的思维，辨识其有没有出现方向错误。不能在交易理念和交易方法中反复循环，要忍住心性，在自己原有的策略上面优化自己的性格。

人的性格是有感性和理性差异的，性格的差异会导致适应性和执行力有很大的不同。感性的人在交易中对价格的波动会更敏感，反应速度会更快，所以易冲动交易，更适合做超短线，但若系统强迫要求你做中长线，这时要学会改善自己的性格。

所以，投资者必须要用有针对性的措施不断完善自我，才有可能越过荆棘。人性的弱点往往是根深蒂固的，连最经典的技术理论都说历史会不断重演，也就是基于人性会不断重演的本性，这也注定了大部分人是必定要亏损的。在股票市场只有遵守规则，严格自律，才能存活于残酷的市场中，才可能成为赢家。

其实在市场和人之间，如果以足够客观的态度来解读市场，感悟市场，真正的难点并不在市场，问题出在人身上。人性的恐惧、贪婪、一厢情愿的想法等情绪化的特

征完全覆盖了人的理性，制约了投资者迈向成功的脚步。所以，成功最大的敌人正是自己。

笔者简单总结了《孙子兵法》中，带兵之将应该具有的对战争的态度，这对我们从事股票投资来说也非常有指导意义，如下7点值得特别注意：

1. 要正视弱者的地位

《孙子兵法》的秘诀之一是以弱胜强。这相当于投资者承认市场的力量是强者，因为无论是谁，跟市场相比，都是弱者。尊重客观事实，尊重市场力量，哪怕你明知市场有时候是非理性的。正如孙子所言："夫兵形象水，水之形，避高而趋下，兵之形，避实而击虚。"像水一样承认自己的卑微与弱小，恰恰是以弱胜强的关键。

2. 以生存为先，积小胜为大胜

在缺乏外部补给的情况下，一切都只有从对手处获取。《孙子兵法》讲究以战养战，孙子说："善用兵者，役不再籍，粮不三载，取用于国，因粮于敌，故军食可足也。"回到交易中，我们的本钱就是我们的粮草，本钱不可能无限制追加，所以我们必须把手中这点本钱充分用好、用活。这要求进入交易时必须足够谨慎，认错动作必须足够快，尽量减少资本大幅减少的可能性，这是每个投资者必经的过程。很多传奇投资者都有早年破产的经历，谨慎的索罗斯，也在早年爆仓过；著名经济学家凯恩斯则在交易中经历过多次破产。当交易不利时，保持实力最重要，不与市场做任何斗争，这是生存法则。

3. 对战斗机会的极端珍视

为确保胜率，孙子珍惜每一次战斗机会。对交易而言，就是对每一笔交易都足够认真，确保交易完全符合设定后再进入。失败往往来源于成功之后的骄傲，这条准则在交易顺风期尤其重要，如利弗莫尔在1929年赚取了1亿美元后，在随后的5年里亏掉了8000万美元。战前对所有信息尽可能全面掌握，同时意识到战局瞬息万变，随时应对新的变化。意味着投资者必须了解影响交易的所有要素，无论定性还是定量。除了掌握影响价格的所有已知因素外，投资者还必须弄清楚日前的主流偏见、对主流偏见的一致预期，以及因素之间可能的切换。

4. 要具备灵活性

战斗打响后，一旦发现预判有误，将军会迅速调整布置。灵活性对军事将领和交易员都是极大的考验。灵活性并不同于没有原则的随波逐流，因为兵以诈立，你看到的很可能是敌人的烟雾弹。同样，市场中屡有各种假信号，如何确认市场信号的真实性，始终是交易员面临的挑战。当市场发生不利变化时，我们很难分清到底这是短暂的背离还是我们之前的假设错误，这涉及我们持不利仓位的时间问题。这里面有很多是经验性的问题，但最重要的是培养对于危险信号近乎直觉的敏感。优秀的交易员都有直觉，比如索罗斯发现一旦出现背离往往就是危险信号，这并不是什么超能力，在任何行业只要长时间保持刻意练习，都会产生这种外人看来近乎直觉的迅速反应。

5. 要掌握主动

主动与否与力量强弱无关。尤其是弱者，更要创造条件占据主动，调动敌人而不是被敌人调动。从交易上讲，所谓主动就是对交易计划有清晰的认识，不打无准备之仗，进退有据。一旦在交易中发现有被动的感觉，这时候应该尽快退出交易。

6. 要保持警惕

在交易中，需要始终对出乎预期的极端行情抱有想象力。任何一个趋势的转变周期总是会超出一般人理解的曲折与漫长，如 2015 年股指大幅下跌，期间，一度传出"国家队"救市的官方消息，也一度出现千股涨停的报复性反弹，但下跌趋势没有结束，谁做谁死。这条原则也是启示投资者要注意跟大众的主流预期保持警惕与距离。

7. 要耐心地等待战机成熟

孙子多次提到创造战机的问题。对普通投资者而言，战机无法被创造，只有耐心等待。孙子曰："昔之善战者，先为不可胜，以待敌之可胜。不可胜在己，可胜在敌。故善战者，能为不可胜，不能使敌之必可胜。"因此，任何重大的交易机会，都是市场自身成熟后才会发生的必然结果。提前进入，投资者就算看对了趋势也有可能失败。这是无数投资者的血泪经验。

孙子曰："善守者藏于九地之下，善攻者动于九天之上，故能自保而全胜也。"股市中需要的是勇气，是果敢，退则毫不留恋，进则全力以赴。等待时机则要像渔翁守候鱼儿上钩那样既稳如泰山又眼明手快。进货时畏畏缩缩，出货时犹犹豫豫，战不能战，退不能退，是股市中的大忌。战则求胜，退则求安。很多时候，你只要比别人快一步就够了。

投资者级别的划分

和其他行业完全不同，股市是一个没有标准答案的地方，不论是股票的走势还是投资者水平的划分，其实都是一家之言而已。国家相关部门并没有给投资者评定水平、划分等级，但数量庞大的股市投资者，其投资操作水平差别极大，具体表现为少数人能够在股市中如鱼得水，大多数人则是亏多赚少。从追涨杀跌、盲目跟风、追高套牢、等待解套、换股再套的轮回中不能自拔者，到气定神闲、挥洒自如、把股市当作提款机的炒股高手，其间的心酸和付出，恐怕只有仍在股市中奋斗的同道中人才能体会得到。

笔者经过长期的观察和亲身体会，试将投资者按照投资理念、操盘水平及其所表现出来的人生境界划分为 8 个层次。当然，这个划分标准也只是一家之言，在此愿意接受更多的真正"悟道者"共同检验。

第一级：新手入市，冲劲十足。

初入市场的新股民，认知属于最底层，看到牛市来了，人人都在谈论股市容易赚钱，很多人还赚大钱了，身边到处都是炒股的人，聚会时都在夸夸其谈，因此，既为了赶时髦，又想顺便进入股市赚一笔钱，稀里糊涂开了户，进入股市。刚开始什么都不懂，所以非常虚心，愿意向所有的老手请教，如饥似渴地学习股市的各种知识。

大部分新手往往都在牛市进行到后半段才被各种新闻媒体裹挟进入到市场中，所以刚开始他们还能赶上牛市的末班车，快速地赚到一些钱。此时，他们就会觉得原来股市赚钱这么容易。但好景不长，牛市很快结束，暴风骤雨式的调整来了，这些新手毫无应变能力，完全不知道怎么保护自己，于是开始不断亏损！

这一级是刚入市的新股民，无力自保，进入市场追涨杀跌，一旦行情不好就会进入亏损的死胡同。

第二级：盲目跟风，迷信专家。

这个层级的人，比新手略微强一点，但只是认识到要学习更多的知识，自我认知是懵懂的，所以他们的认知特点，是盲目崇拜专家！股民们每天翻开财经报纸，打开电视财经频道，乃至关注网络、手机等媒体上面有关股市专家讲的大盘会到多少点，什么股票和板块会涨，等等。

这一阶段的投资者，操作毫无主见，见到所有的专家，都当成了神一样去崇拜，一有机会定去请教专家。其中很多人会去交钱学习炒股知识，或者买炒股软件，或者请专家指导操作，别人怎么说就怎么做，喜欢追逐热点，盲目跟风并短线操作，以为这样就跟上了市场潮流。操作上带有很大的盲目性和随意性，自然成了庄家拉高出货、打压吸筹的牺牲品。亏钱很容易，赚钱却很难。

这一级别的投资者一般入市有一年时间，开始懂得市场存在的风险，但老摆脱不了爱冒险的心，在刺激中追涨，还好错了知道止损，不像第一层级的新手傻傻受虐。

第三级：妄谈价值投资，不懂变通。

这一层级的投资者在无数次碰壁、亏损之后，开始明白所谓的专家也是不靠谱的，技术分析好像又总是似是而非，专家们讲话都是避实就虚，讲到关键之处总是模棱两可，最后虽然能够自圆其说，但对投资者的操作却毫无意义。在绝望之后，投资者最后会发现一根救命稻草——价值投资。

价值投资最吸引这一级投资者的地方就是不用止损，因为技术分析总是告诉投资者看错了就止损，专家们的成功率也不是太高，因此止损成为家常便饭，这让投资者不胜其烦，连续止损几次之后自信心就没有了。但是价值投资不用止损，只需要分析个股的基本面数据，就去确定一只股票是否具有投资价值，这价值投资比技术分析好多了，于是，投资者很快就迷上了价值投资。

但是，盲目迷恋基本面和价值分析，其实也会误入歧途。虽然价值投资最成功的典范就是"股神"巴菲特，这让一大批人趋之若鹜。但价值投资需要专业的价值投资分析和细致完善的实地考察、市场调查，在这方面机构和大资金持有者更有优势，所以其盈利模式更适合机构、大资金持有者而不是散户。相对于技术分析的直观、高效，散户根本不具备有效价值分析的能力，在此基础上大谈价值投资，无异于天方夜谭。

当牛市到了末尾，往往基本面所有的消息都是好的，媒体会不断地描画美好蓝图，相信基本面只会让你在高位站岗；而大盘触底，往往基本面所有的消息都是坏的，还有人给你自残的理由，相信基本面只会增强你认赔卖出的勇气；在股市的大底部和大顶部，你只能反着做，否则你会死得很惨，但反着做的理由别人给不了你，基本面给不了你，市场舆论环境也给不了你；只有不盲从、相信自己，通过自己的研究，在技术面中寻找蛛丝马迹。

这一级的投资者一般入市有几年时间，开始有点小知识，毕竟这几年来也得到不少教训，开始懂得风险防范，找到适合自己的方法去生存，但多是小赢小亏，没方向性的投资者难以在市场中赚大钱，若遇到一次股灾极易把几年赚的一把亏光，因为盲从价值投资，往往就不知止损。

第四级：四处碰壁，重修技术。

这一层级的投资者，是在价值投资也失败之后，终于意识到只有提高技术分析的水平，才能立于不败之地。于是开始苦练技术，努力学习各种技术知识和操作技巧，开始迷恋于技术指标或某种技术分析方法，但总体上还是一知半解，虽然对股市渐渐有了自己的认识，但仍不清晰，也不太准确。

技术分析的方法包罗万象，太多、太活。有些投资者在刚学习了几个技术分析指标、形态或方法以后，就犯了半罐水响叮当的毛病，自以为懂得很多，好为人师，喜欢预测行情，当然吹嘘的成分居多，所以预测成功率并不高。这样的投资者最终仍会亏钱，主要原因是知识广博而不精深。

这个阶段，投资者很容易被一些玄虚的理论误导：比如江恩理论、波浪理论，或者迷信某个神秘的技术指标，包括 LEVEL2 数据等，但最后的结果都是在股市中屡屡受挫，以致最后连自己都怀疑股票的技术分析方法是否真的有效。

这个阶段投资者的操作，有时短线、有时长线，尝试过各种方法，有时赚，有时亏，经常坐过山车，最后的结果还是亏多赚少。懂得越来越多，资金却越来越少，信心更是越来越小。失败的原因在于技术指标只是概率，而且永远滞后于行情，要想用某一个技术指标或某一种技术分析方法预测行情，根本就是一个伪命题，其结果不会尽如人意。最终，要么误入歧途，堕入玄学不能自拔；要么彻底对技术绝望，沦为技术无用论。

第五级：沉迷股海，无法自拔。

这一层级投资者在股市上学习了各种知识，经历了无数行情，跨越了牛市熊市，尝试了各种各样的方法，最后处处受挫，吃尽苦头，怎么努力都无法提高自己，钱赚了又赔掉，资金总量越来越少。投资者陷入了非常痛苦的状态，好像是处在重重迷雾之中，看不清前路，看不到希望，也不知道何时能够走出这个迷宫。

投资者处在这个阶段，总感觉市场在跟自己作对，以基本面操作却发现基本面也不管用，以技术指标操作却发现指标也不灵，不操作的时候技术指标反而管用。别人不可信，自己没自信，技术不管用，价值不灵验，看什么都不对，怎么做都是错。更可气的是这个时候发现原来网络、电视、媒体上的专家都是大忽悠，周围"高手"的情况其实也和自己差不了多少，信心低落到了极点。

在这个阶段投资者的眼里，股市早已不再是刚开始时"遍地是机会"的感觉，反而觉得是"遍地是陷阱"。股市是一个没有标准答案的地方，人人都可以发表自己的意见，周围充斥着一知半解和盲人摸象式的评论。同时，股市又是一个金钱的角斗场，一些心怀叵测的人为了利益不择手段，使得股市里充满了谎言和欺骗。

许多人会困惑，为什么刚开始炒股时什么都不懂的情况下还能赚钱？真的只是初生牛犊不怕虎的精神吗？显然不是。真正的原因恰恰是在股市待久了就容易把简单的问题复杂化。所以，一知半解的投资者很容易陷入其中，不能自拔。大部分人都会先后进入这个阶段，而可惜的是，80%的人会始终停留在这一阶段，无法走出来，有的甚至会重新退回到第二、三、四级的阶段去，堕入苦海轮回，无法解脱。有些人会因为彻底失望干脆退出股市。

这个过程，别人帮不了你，你只有自己才能帮助自己。

以上5个级别的投资者都属于失败的投资者，时间久了投资者将会发生裂变，一部分人可能永远退出市场；一部分人进入玄学，变得神神道道；还有少数人容易转变成股评家，贩卖自己一知半解的技术。只有极少数的强者——有悟性、对技术孜孜以求、勇于战胜自己的人才能晋升到更高层次。能不能转变和需要多长时间转变就要看投资者们各自的悟性和努力了。

第六级：相机而动，棋高一着。

少部分悟性较高的投资者，一般是有较长股龄、经验丰富的老股民，在丰富实战经验的基础上融合某种技术分析理论形成了一套独特的、完整的、适合自己风格的交易系统或操作体系，并且能够把它们运用到得心应手。还有一些人能够熟练地运用某一项技术方法，赚钱概率很高；或者有的人掌握了某种绝招，也能做到亏少赢多，进入一般人难以企及的高手行列。

由于股票的技术分析方法没有权威的标准，每个人研究的侧重点都不一样。处于这个阶段的人尤其喜欢和他人讨论，期望获得他人的认可，喜欢预测和向他人推荐股票。有道是"实磨不响空磨响，一瓶不满半瓶摇"。事实上，越不懂的人越喜欢卖弄自己，市场里的声音更多是"半瓶醋"贩卖的自以为是的言论。

这一阶段的投资者自我感觉相当不错，但表面上的风光背后只有他们自己心里清楚，其实钱赚得并不轻松，赚钱的概率也并不如想象的那样大，盈利幅度也不是很大，正所谓如人饮水，冷暖自知。这种状况会持续相当长的时间，技术也很难再有突破和提高，仍然会经常止损，而且感到痛苦，该阶段会持续多长时间取决于投资者的悟性和努力。原因就在于此时并没有找到投资的真理，理念和技术上都还有缺陷，所以仍然会遇到许多不能解决的问题。

能够到达这一级的人不会太多，比例不会大于10%，一般常见的高手绝大部分也属于这个级别，这里面当然有不同风格、不同理念的高手，但总体来说其水平是在同一水平线的。同样遗憾的是，这一级别的高手大多数也会始终停留在这个层次。而且，这种局面比上一级更难打破，除非有悟性、真正谦虚的人，某一天恍然大悟，重新审视市场和自己，能够认识到自己的不足，并下决心战胜自己，化繁为简、轻装上阵的时候，才能向更高的目标进发。

第七级：回归简约，水到渠成。

《老子》曰"为学日益，为道日损。损之又损，以至于无为，无为而无不为"，说的正是一个悟道者的心路历程，做股票当然也不例外。

炒股是个系统性的工程，理念、技术、心态，缺了哪个都不能成功。技术和心态相辅相成，离开任何一个，最终都会导致失败。这就是许多人努力了多次也不能成功的主要原因。理念尤其重要，因为理念是方向，勤奋是必要的，但如果方向不对，就成了南辕北辙，到头来必然白费力气。

这一阶段要做的就是确立正确的方向，化繁为简。只有少数人能意识到是理念出了问题，也就是走错了努力的方向，开始探寻正确的理念，有针对性地潜心研究技术，开始学会放弃那些花里胡哨的东西，不再听股评，不再听消息，也不再听"高手"的鼓噪；不再和市场去拼命，也不再奢谈战胜主力，知道天外有天，人外有人，不再盲目自大，知道首先要战胜的是自己；放弃短线，选择中线波段，学着看大盘做个股；不再盲从波浪理论、江恩理论或其他什么理论，也不再迷信某个神秘的技术指标。

这个阶段结束的标志是理念的成熟和技术的化繁为简。最接近于"道"的理念应该是以技术分析为主、基本面分析为辅，中线波段为主、适长则长适短则短，看大盘炒个股。牛市满仓赚钱，熊市空仓观望。技术是在道琼斯理论指导下，以均线为主，以趋势线、形态分析为辅，并参考成交量等几个最常用的辅助指标。

此时，这个阶段的投资者已知道预测是不对的，但还是喜欢预测，虽然这些预测得到验证的概率越来越高，但有时难免会犯一些小错误。在旧的技术体系打破之后，新的技术体系还没有建立之前，有些人往往会出现因为偶然失误而导致大幅亏损，甚至是赔光的惨痛情形，这就是"体验风险阶段"。不要怕，这也许是你大成之前的最后考验，也许是必须经历的一道坎，请千万不要放弃。

这一级是交易成功的基础，只有过了这一级，你才有可能向更高的目标迈进。后面的级别和前面的级别的不同，前面的级别因为个性和悟性的不同，不同的人会有不同的通过方式，各个级别或有跨越，或有反复，而后面的级别必须一级一级提升，而且其过程更加漫长。

第八级：随心所欲，止于至善。

极个别具有极高天分，经过苦苦思索，最后一朝悟道的天才级投资者最终才能达到这个巅峰级别，实现技术和人生的大圆满，成为名副其实的"股神"。孔子说自己七十"从心所欲而不逾矩"，达到最高境界的悟道者恐怕就是这样一种状态，技术上达到得心应手的状态，心态上永远保持一颗平常心，一出手就能准确抓住行情，赢利后飘然而去，没有丝毫的留恋。

这类人既有智慧，又有人缘，其视野之宏阔，词锋之明晰，往往带有一种振奋人心的效果。掌控全局是他们的日常工作，而且他们又精熟人心，再繁复的局面，一般人可能三天三夜还没弄明白，他们只需要看一眼就可了然于胸。在股市上，他们天生就是为了赢利而存在的，每一次行情发动他们总是可以随风而至，他们不见得每次都能买到涨幅最大的个股，但是他们操作的次数少之又少，大部分时间都在谈笑风生之间满仓等待市场的拉升，最后他们的总体收益远远超越大盘。更为关键的是，大盘见顶之前，他们总是能够安然逃离，极少受到熊市的伤害。这种境界是所有投资者梦寐以求的最高级别，是投资者人生达到圆满、和谐的最佳状态，只有极少数大智大勇者最终才能进入这一级别。

以上笔者提出了投资者水平和境界划分的 8 个层次，笔者自己感觉达到第六级，正在向更高的目标迈进。本书即是笔者对自身运用均线系统投资经验的阶段性总结，毫无保留地全部公开，希望和有缘人共同进步。

第二章
建立交易系统

2007

2010

2013

我们看到很多人在证券市场上，讨论最多的不是股市分析的方法，而是良好心态的重要性。很多投资者都认为，做好股票的先决条件是要有一个良好的心态，仿佛一旦有了一个好心态，成功就会从天而降不费吹灰之力。事实上并非如此，一个好的心态当然十分重要，但想做到平心静气并不容易，也非投资成功的决定性因素。因为人的心理变化多少会因自身利益和环境的影响有所起伏。就像一根木板平铺在地上，许多人都可以异常轻松地从上面走过去，但是如果将它放在两栋摩天大厦的中间，那么敢于尝试而且能够走过去的又能有几人？股票的道理同样如此，平时引经据典尽管十分轻松，但是真正当股价的波动与我们的切身利益紧密相连时，又有几人可以平心静气？

归根结底，投资成功真正的基础是对于证券市场的了解，换言之，就是对股票波动根源的了解，而不是心态。一个百发百中的神枪手有可能因为偶尔心态不好，无法打出好成绩；但是一个不懂射击的人却绝不可能因他的心态极佳就打出好成绩。脱离操作知识，空谈心态，就像一个人坐在随时即将倒塌的大楼下证明自己是多么勇敢一样，是无知的表现。投资人通过不断学习，随着对证券市场的了解，尤其是建立起自己的交易系统以后，心态自然就会平静下来，不会随着股价的波动而起伏，这就叫成竹在胸，泰然处之。从本章开始，笔者将讲解自己实战中建立并运用的交易系统，以飨读者。

第一节

趋势投资的价值

有一种投资方法叫作趋势投资，想必这对于大多数投资者来说并不陌生。趋势投资，顾名思义，即按照趋势进行投资，通常来说这也是属于技术分析方法的一种，趋势投资可以有效避免频繁操作，从而减少不必要的操作失误。在汉语中，"趋势"一词就是指事物自身发展运行的一种自然规律，它具有重复、持续、有序、有向的特点。简单说，趋势投资就是投资人以投资标的的上涨或下跌周期来作为买卖交易的一种投资方式。趋势投资来源于道氏理论，该理论认为股票价格运动有 3 种趋势，其中最主要的是股票的基本趋势，即股价广泛或全面性上升或下降的变动情形。趋势理论认为一旦股价变动形成一种趋势，便会持续相当长的时间，此时投资者也应该顺应趋势保持自己的投资地位直至市场发出趋势转变的信号。

海外趋势投资理念是在行为金融学的理论基础上发展起来的，他们认为股票价格的趋势或企业成长的趋势在一段时间内可以延续，股价正是对这些趋势的反应。海外趋势投资主要采用企业盈利增长趋势和股票价格趋势两种趋势指标从事投资。随着国内投资者的理念改变，趋势投资也在一些基金投资者中"生根开花"。当股票价格形成向上趋势时，由于惯性，将会继续向上运行；而当股票价格形成向下趋势时，由于惯性，将会继续向下运行。在形成向上趋势时买入股票，在形成向下趋势时卖出股票。

趋势这个词往往让市场将其与技术分析联系在一起，其实不尽如此。价值投资也可以理解为主要根据企业基本面情况、遵循"买股票就是买企业"的思路来投资股票，从这点上说趋势投资理念毫无疑问也属于价值投资。只不过股票的估值永远无法做到精确，股票的估值与股价的变动具有反射性关系，两者会相互影响，借助趋势信号结合估值分析才能更好地选股和投资。

按照索罗斯的反射理论，趋势（下跌的）经过这样的几个阶段：第一阶段，绝大部分投资者没有认识到趋势的逆转，尽管多头的势力已经衰竭，但是一次次的反弹造成一种误解，以为原来的趋势还会持续，但是，这种不断反复下跌的趋势本身形成一种反射力量，造成趋势的反转。第二阶段，绝大部分人通过反射的思维加强了下跌的趋势，因此采取顺应趋势的操作，暴跌就是这样发生的。第三阶段，就是趋势的末端，多数人还按原来的趋势思维，但是，一些积极因素已经开始介入市场，只是绝大多数人不能审视这些因素，这就是趋势逆转的阶段。接下来，就进入到上升的趋势中，只有到靠反射加强上升的趋势时，多数人才会参与到上升中。

真正的趋势投资者必须有认识趋势的能力，掌握趋势转折的节奏，尽可能早地掌握趋势的变化，在关键的时候做一个趋势的先知者，在趋势的中间阶段做一个趋势的顺应者。要做趋势的先知者非常不易，需要对影响证券市场的基本因素和技术因素有深刻的认识，在操作上必须有科学灵活的方法以适应变化的市场。

价值投资、成长投资、趋势投资，三者的异同：一直以来，人们对成长股和价值股的辩论从没停止过。大部分人眼中，价值投资是侧重寻找价值被低估的企业，通过企业的价值回归分红赚钱；成长投资是看重小公司的成长性，通过企业的高速发展分享利润；趋势投资是在市场中进行博弈，通过价格和人性的波动赚钱。但笔者认为大多数人都没有理解投资的本质，所有才会对投资进行分门别类。

纵观整个投资界历史，只要是成功的投资者，他们对投资的理解都是相同的，不论是价值投资、成长投资还是趋势投资，他们无不例外都拥有：宏观行业的分析能力（好生意）、微观企业的剖析能力（好企业）、自我情绪的控制能力、市场情绪的理解能力、资金偏好的把握能力（好价格）。成功的投资是不分派别的，投资的本质来来去去不过 3 个要点：好生意、好公司、好价格。

对此，笔者特意将三派投资方法的主要观点罗列对比，希望读者能够明白其实质，从此之后不再纠结于此类的派别之争。

一、价值投资

人们对价值投资长久以来存在很深的误解，大家往往会认为价值投资是只要找到低于内在价值的企业，然后长期持有，而这个过程中几乎无须关注宏观经济，也无须在乎买入的时点，更不用理会市场的波动。大家也总是拿巴菲特的一些名言来自我暗示，比如"如果不想持有公司 10 年，就不要持有 10 分钟""交易所即使停市三年，对我都没有什么影响""就算美联储主席格林斯潘偷偷告诉我他未来两年的货币政策，我也不会改变我的任何一个决策"。

1. 关于价值投资就是长期投资的问题

很多人印象中的巴菲特就是买入绩优的企业做长期价值投资。但事实上，巴菲特很注重资产的动态平衡，选股上更是灵活机动，如果有心翻看巴菲特致股东的信，你会发现从 20 世纪 60 年代开始至 2017 年巴菲特差不多投了 200 多家公司，但持有超过 3 年的只有 22 家。巴菲特说股市休市对他的投资没有影响，只是想强调我们选股的角度要立足长远，而不能因为市场和基本面短期的波动作为买入的理由，很多人片面理解了这句话。事实上一个企业上市后，就具备了双重属性：一方面是一家公司要持续经营；另一方面更是一个交易品种产生波动性。两个属性都很重要。另外，"护城河"是需要经常作评估的。不满足条件的公司自然需要卖出，比如巴菲特在 2007 年卖出中石油就是一个好的案例，一是行业的基本面发生了变化，二是估值太贵。

2. 关于价值投资不需要关注宏观经济的问题

很多人认为巴菲特一直在教导我们应该全力研究公司而不必关心宏观经济，但这显然又是片面的认识，巴菲特的意思是普通投资者要把重点放在研究企业的身上，在关注企业基本面的时候不要想着指数的走势、美联储的动向。但这不意味着大势不重要，巴菲特不会告诉你的是，对于整体的资产配置而言，宏观经济大势的准确判断是多么的重要，芒格和巴菲特不止一次说过，大部分情况下他们只赚取平均市场的收益，只有经济崩溃、市场先生发疯的时候才要下大赌注（成功的概率很高的前提下）。比如，在 2008 年金融危机之前，巴菲特手头一直握有大量现金（危机前夕伯克希尔公司拥有现金与准现金 377 亿美元，固定收益证券 285 亿美元），直到金融危机之后，巴菲特才开始大规模的投资，不仅用完了现金，更是采用发行新股方式收购铁路公司。所以，巴菲特从来都是研究宏观经济的高手，判断非常准确。另外，巴菲特一直认为自己的成功离不开美国这个不断向上的宏观环境，正是美国 20 世纪 50－60 年代的发展黄金时期造就了巴菲特，巴菲特也曾不止一次的强调，自己不会离开美国去做投资。笔者想，这足以说明问题了。

3. 市场先生的脾气

格雷厄姆说市场短期是投票机，长期是称重机（市场先生是一位非常疯狂的人）。根据华尔街的一项统计研究，股价与业绩之间关系的密切程度如下：持有股票 3 年，二者关系的密切程度为 0.131～0.360（是指股票价格的 13.1％～36％由企业经营业绩变化决定）；持有股票 5 年，二者关系的密切程度为 0.374～0.599；持有股票 10 年，二者关系的密切程度为 0.593～0.695；持有股票 18 年，二者关系的密切程度为 0.688。

言下之意是，短期看，市场经常无效，股价短期的上涨和下跌几乎都不是由基本面推动的，而是人类情绪和资金偏好的变化推动的估值的变化，因为这种无效性的存在，所以即便是深挖基本面，通过各种估值模型计算准确了的公司未来几年的业绩，这种前提下所谓的"安全边际"也可能被市场打得一文不值（学院派整天定量分析，静态看估值，却不明白市场情绪的变化，更对预期一词不甚了解，所以容易陷入价值陷阱）。

再重新看格雷厄姆先生对价值投资的定义：股票价格围绕"内在价值"上下波动，而内在价值可以用一定方法测定；股票价格长期来看有向"内在价值"回归的趋势；当股票价格低于"内在价值"时，就出现了投资机会。

可以说内在价值、安全边际、市场先生，三个词才是价值投资的本质。

（1）内在价值到底如何计算，从来没有一个特定的公式。不同行业、不同属性的公司，估算内在价值的标准都是不一样的，没有万能的固定公式，任何指标也只是仅供参考。而且，计算内在价值的重点不是为了得到一个精确的数字，数字是冰冷的，背后的逻辑才是火热的，我们通过计算内在价值的过程去深刻理解一个企业，这才是最重要的。例如巴菲特最喜欢的自由现金流贴现模型计算内在价值，但是芒格是这样说巴菲特的："我们虽然认为这个是计算内在价值最合理的方式，但是从来没有见过巴菲特计算过（芒格还调侃说，他也可能偷着计算过）。"巴菲特也曾公开说过，没有一个能计算出内在价值的公式，关键是真正读懂企业。可见，对于这个模型，理解远要比计算更为重要。这就是投资的金句："宁要模糊的正确，而不要精确的错误。"

（2）安全边际同内在价值一样，很多人照本宣科地按照公式去寻找安全边际，这是对价值投资极大的误解。其实安全边际没有特定的某个指标，举个例子，2008年金融风暴期间，恒生指数从32000点一路狂跌到10000点，其PE从25倍跌到6.3倍，而腾讯当时从70多元跌到40元（最低跌到35元）。按当年的业绩算，其PE在23倍左右，它仍然是香港甚至全世界最昂贵的股票之一，为什么腾讯没有继续跌到10元这一市场平均估值下的安全边际呢（10元对应6倍多PE）？所以，所谓安全边际，并不是简单地根据财务报表静态判断的，安全边际一定是建立在对企业内在价值的深刻理解上的，不同的行业、不同的企业、不同的价格对应的安全边际都是不一样的。说到底，还是要理解生意模式，真正读懂企业。

综合以上两点，不难看出，安全边际和内在价值的定量分析固然重要，但只能作为参考，绝非决定性因素。真正的决定性因素一定是对企业的定性分析，站在战略高度得出的企业未来发展的情况，笔者想这也是巴菲特比格雷厄姆更为成功的原因（吸烟蒂的价值投资是只看数字的）。

（3）市场先生。笔者认为市场先生远比安全边际和内在价值来得重要。巴菲特的名言是："别人恐惧时我贪婪，别人贪婪时我恐惧。"正是价值投资的精髓所在。所以，真正的价值投资恰恰不是远离市场，而是接近市场、了解市场，掌握市场先生的脾气，进行逆向投资。不论是内在价值还是安全边际的计算，均应该建立在尊重市场先生的基础上（当然同时别忘了模糊的正确远比精确的错误重要）。

到此为止，价值投资到底是什么已经有答案了（结合巴菲特投资的经典案例更能说明问题，这里不展开举例了）。总结起来就是：好生意——价值投资理论中的好生意就是具有很高"护城河"的企业，这个"护城河"可以是专利、政治垄断、独家配方、先进技术等，也可以是宏观经济环境变化带来的，每个国家、每个时代、每个行业的"护城河"都是不同的（所以从这个角度，宏观经济也很重要，二战时期和 21 世纪的行业"护城河"、投资的重点截然不同）。好公司——价值投资理论中的好公司就是能长期源源不断带来现金流的企业，特点是需要很低的资本再投入、有很好的品牌带来的高毛利，具有广泛市场基础的利基，例如 See's Candy 和可口可乐都是极好的公司。好价格——价值投资理论中的好价格并不是通过精密计算得到的，所谓安全边际也是在理解企业的基础上得到的大致价格区间，而真正的大底大顶一定是通过掌握市场先生的脾气之后才能得出的，一句"别人恐惧时我贪婪，别人贪婪时我恐惧"足矣胜过万句。

也不难看出，显然一些投资者长期以来都片面理解了价值投资理论，断章取义了巴菲特的言论。巴菲特之所以成为大师，不仅仅是因为他通过敏锐的观察和深刻的理解找到了低于内在价值的好企业，更重要的是，巴菲特对宏观层面的把握，对市场情绪和人性的理解远超常人。

二、成长投资

同价值投资一样，大多数投资者对成长投资存在严重的偏见和误解。

1. 成长股重点不在于选择宏观的行业，而在于选择微观的公司

投资者普遍认为成长股是与网络、IT、生物技术等新经济产业相联系的。不可否认，在成长性高、未来前景好的行业里公司更容易获得高成长，但这并不意味着只有

热门的行业才能诞生好公司，并且热门行业的高成长往往是昙花一现。相反，令人意外的是，观察历史上的牛股不难发现，很多优秀的成长股都处在一个缓慢增长的行业里。对于低增长的行业，投资者普遍有严重的偏见，他们认为缓慢增长甚至不增长的行业不是一门好生意。

事实上，只有低增长的公司不值得投资，但低增长的行业里照样可以出现优秀的高增长的企业。所以一些低速增长的冷门行业对优秀的公司来说也可能是一门绝好的生意。一些冷门行业或者夕阳行业由于需求稳定，行业的增速很低，甚至出现零增长，经营不善的弱者一个接一个被淘汰出局，但一些优秀的公司能够凭借自身的技术优势、政策、天然壁垒等其他客观条件，不断地占领市场份额，不断地淘汰同行业的其他公司，使得供应端进一步减少，最终形成寡头垄断。毫无疑问，这就是优秀的公司，彼得·林奇称这类公司为沙漠之花，笔者把它归类为冷门行业的隐形冠军。彼得·林奇不喜欢投资热门的科技公司，首先因为根本搞不懂这些高科技公司（又有多少投资者能真正清楚热门科技公司的技术呢?），其次，他认为因为热门行业带来巨大的利润，所以想要投身热门行业的人和资金会源源不断，某个公司设计出一个跨时代的产品，其他的竞争对手也会迫不及待地研发，这样的行业里连大公司都没有办法保持绝对竞争力（比如苹果打败了诺基亚，朝阳行业的竞争就是如此残酷）。而相反，资本对那些几乎不增长的行业几乎都是不屑一顾，由于少有新的进入者，一家优秀的公司可以继续保持原来的优势并缓慢扩张，不断增大市场份额。彼得·林奇以 SCI 丧葬公司为例：当时 SCI 已经拥有全国 5% 的市场份额，没有什么对手可以阻止 SCI 把市场份额提升到15%，因为沃顿商学院的高才生绝不会琢磨如何去和丧葬业的公司竞争。彼得·林奇整个职业生涯都在花大精力去研究和投资一些不起眼的冷门公司，不投资热门行业根本不妨碍他成为最成功的成长股投资大师之一。普莱斯也认为，夕阳行业如果脱胎换骨进入了新的成长期，不管是新产品的开发还是老产品有了新用途，都可以成为成长股的投资对象。

2. 成长股不一定和市值大小挂钩

投资者的一个严重误区（特别是中国）是认为成长股的筛选条件一定是公司要小，股本小、市值小，才有成长的空间，但市值小只是充分条件，并不是必要条件，大市值的蓝筹股同样可以保持成长性。并且，在一些细分行业，小公司面临激烈的竞争，如之前说到，热门行业的公司就算有技术、有市场也可能会被淘汰，那么更不用说没有高壁垒保护的小公司了。再看细分行业活得比较滋润的公司，也可能面临行业太小，

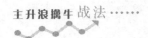

成长空间有限的局面，如果不跨界突破很难成为大公司。相比较，一些大市值公司如果具有很高的壁垒，同样有持续竞争力。典型的例子如沃尔玛、可口可乐，它们在进入成熟期后仍然保持了数十年的竞争力，成为高成长的蓝筹公司，从大市值变为更大的市值。

3. 真伪成长股之分

从过往经验看，多数成长股只是昙花一现，这些企业往往是因为站在了行业的风口才有了高成长，这种高成长只能保持很短的时间。不管是从商业规律还是历史数据来看，真正能够脱颖而出从小公司成长为大公司的寥寥无几，一只优秀的成长股背后是千万个失败的小公司。所以，大多数成长股都是属于伪成长股，它们的成功并不是因为自身具有很高的壁垒或持续市场竞争，往往只是昙花一现，很多人至今仍难以分辨真伪成长股。

4. 成长并非越快越好，成长也是有极限的

巴菲特说过："在一个有限的世界里，高增长率必定自我毁灭。如果这种增长的基数小，那么在一段时间内这条定律不一定奏效。但如果基数膨胀，那么机会就将结束：高增长率最终会压扁它自己的支撑点。"所以不要一味追求企业成长。投资者随时都要有清醒的意识，即公司高速成长本身或许就同时意味着高速奔向毁灭。另外，成长股也是有天花板的，从美国成长股的研究来看，每只成长股都只有一个明显持续的快速增长阶段，经过成长期后，营业收入很难再保持大于20％的增速。成长股的利润拐点和营业收入拐点存在明显相关性。总之，成长股投资并不能唯成长即投资。

再回头看看成长股鼻祖费雪和彼得·林奇的投资准则。

费雪的投资理念（准则）大致如下：

（1）这家公司的产品或服务有充分的市场潜力（至少几年内营业额能大幅增长）；

（2）管理阶层重视研发新品（在目前产品线成长潜力利用殆尽之际，进一步提升总销售潜力）；

（3）公司有高人一等的销售组织；

（4）公司的利润率高，且能维持或进一步改善；

（5）公司内部的人事关系很好，员工能力能够得到充分发挥；

（6）具有深度的管理层，相比较同行业有独特的经营能力；

（7）并不会因为需要成长而发行大量股票，使得现有股东利益大幅受损（价值毁灭）；

（8）管理阶层拥有诚信正直的态度（特别是对困境的反应）；

（9）真正出色的公司非常少，这些公司失宠的时候需要集中全力购买。如要适当分散投资，则必须投资经济特性各异的各种行业，通常 10 或 12 种是比较理想的数目（为什么大师们都选择 10 个左右的标的？关于这一点将在第九章详谈）。

（10）买进时机亦很重要（有若干个可选目标，则应该挑选那个股价相对于价值愈低的公司。费雪有过教训，在股市高涨的时候买入成长股，由于买进的价格高昂，虽然使业绩大幅成长，但仍赚不到钱）。

（11）坚定持有直到公司的本质发生改变（或公司成长到某个地步后将不再保持超额成长）。除非有非常极端的情形，不要因为经济或股市走向而卖出股票（因为太难预测），同时这些因素对股价的影响亦不及业绩变动对股价的影响大，卖出的唯一准则是以业绩或业绩预期为依据。费雪谈到这一点的时候曾说过："多人信奉波段操作，但是至今没有一个靠波段操作成为投资大师的。波段操作企图提高赢利效率，所谓抄底逃顶，这些乌托邦式的思维，实际可望而不可即。"

（12）良好的心态。犯错是难免的，重要的是尽快勇于承认错误。对于看对的股票要学会不止盈，让利润奔跑。

（13）正确的态度。投资有时难免会靠运气，但长期而言，好运、倒霉会相抵，想要持续成功，必须靠技能和运用良好的原则。和人类其他活动一样，投资想要成功，必须努力工作，勤奋不懈，诚信正直。

彼得·林奇的投资准则：

（1）公司的名字听起来枯燥乏味，甚至听起来很可笑则更好；

（2）公司业务枯燥乏味，甚至让人厌恶；

（3）公司从母公司分拆出来（因为它们很多都有优秀的资产负债表）；

（4）机构几乎不持股，分析师不追踪；

（5）公司被谣言包围（黑天鹅）；

（6）公司可能处在一个几乎不增长的行业（面临较少的竞争）；

（7）公司有一个广度很深的利基；

（8）人们要不断购买其产品的公司；

（9）公司在增持或回购的股票；

（10）避开热门行业的热门公司；

（11）避开业绩恶化的公司；

（12）小心那些利用公司名称哗众取宠的公司。

不难总结出，费雪和彼得·林奇对一只成功的成长股投资或对一家优秀的成长企业的评判标准是相似的，无非就是好生意、好公司、好价格，且三者缺一不可。很多人对成长股投资有很深的误解，只看增速、不看估值，似乎成了 A 股投资者的准则。还是好好看看大师们的教诲吧。

三、趋势投资

很多投资者认为自己是趋势投资者，但不知道自己其实是赌博投机者。可能大部分投资者都没有仔细学习过趋势投资的鼻祖索罗斯的大作。这里笔者简单谈谈索罗斯的理念，以帮助读者了解什么是趋势投资。

1. 索罗斯非常关注预期内价值。预期内价值相当于潜在投资结果的平均权重价值。一个与大多数人不同的投资理念只有在预期内价值积极的时候才是明智的。所以，索罗斯眼中的趋势投资对基本面也是相当重视的。

2. 最难判断的事情是风险达到什么水平是安全的。就算是投机，也必须要进行风险评估，你要明白你的一笔投资潜在的风险损失是多少，值不值得你去投资。索罗斯多次强调安全边际的重要性。

3. 你正确或错误并不是最重要的，最重要的是你正确的时候能赚多少钱，错误的时候会亏多少钱。对于一个投资者最重要的事是"正确性的量级"，而不是"正确的频率"有多高。如果在一个赌注中你赢的概率足够大，那么就大举押注。当索罗斯觉得自己是正确的时候，几乎没有哪个投资者能够比他下的注更大。

4. 如果投资是种娱乐消遣，如果你从中得到乐趣，那你可能没有赚到什么钱。真正好的投资都是无聊的。如果你因为投资而非常兴奋，那么你可能是在赌博，而非投资。最好别把自己当赌客，而不把自己当赌客的最好方式就是只在概率有利于你的时候押注。这告诉我们不是只有价值投资才是无聊的，索罗斯告诉我们，其实一笔好的投资都是无聊的，你需要漫长的研究、买入前漫长的等待、买入后漫长的等待……除非你把自己当成一个赌徒，那么，你的投资才是多姿多彩的，才是高潮迭起的。

5. 反身性的本质，归根到底就是人类的认知存在盲点，人性存在弱点，导致市场永远不可能平衡，不可能完全有效，所以预期（市场定价）和事实之间经常发生偏差，如果把握这个偏差，成为投资最为关键的部分，这无疑就是笔者所说的，好价格。这一点完全和价值投资和成长投资一样，利用人性市场情绪的波动，市场资金的偏好，寻找被低估的标的的过程。

6. 我富有只是因为我知道我什么时候错了。正确的认识幸存者这个问题，不能形成幸存者偏差。笔者基本上都是因为意识到自己的错误而幸存下来的。我们应该意识到人类就是这样：错了并不丢脸，不能改正自己的错误才丢脸。

综上所述，可见索罗斯作为真正的趋势投资大师，不断地强调了基本面、安全边际、市场情绪、资金偏好等，也是在重复好生意（股票也好期货也好，都要找到明确方向的标的，不论多空都要符合好生意的标准）、好公司（好的标的是指不论多还是空，都是明确的）、好价格。相比之下，大多数的散户投资者甚至算不上投机，都是稚嫩的技术分析和幸存者偏差罢了。

所以，看似风马牛不相及的 3 种投资方法，最后却殊途同归。通过 3 种方法做到最好的投资者，最后都投资成功。相比于价值投资和成长投资，需要研究大量的财务数据、需要非常专业的财务知识不同，趋势投资基本只需要研究资本市场的走势图，并以其为依据就可以完成投资的全过程。而且趋势投资是在趋势已经明确向上之后才开始买入，因此也不用经历股价非理性的下跌，以及复杂的洗盘打压等阶段，能够从根本上规避股价下跌的风险。此外，用趋势投资的方法，我们能够设计出一套成熟的交易系统来指导、规范我们的操作，使得我们的投资行为可以不断重复地在市场中进行，实现持续盈利。这些优势都是其他投资理念或者方法难以复制的，这就是笔者之所以信奉并坚守趋势投资的原因。

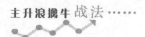

第二节

《孙子兵法》的精髓——势与节

本节我们先从《孙子兵法》中的"势"说开去。古往今来，没有一部兵书像《孙子兵法》那样重视"势"，除了专门的《势篇》外，还有《计篇》《虚实篇》和《地形篇》也谈到势。

从孙子的描述中不难看出，"势"可以是一种力量的积蓄，所谓"蓄势待发"，就是这个意思，也可以是积蓄力量的爆发过程。当然，这种力量可以是政治、军事、经济、外交等宏观态势，也有可能是将帅、士气、地形、兵力等微观情势。势有几个特点：

首先，势一旦确立，力量是非常强大的。所谓"势不可当"，就是强大力量的体现，当然，力量爆发的过程也是逐步衰减的过程，"强弩之末，势不能穿鲁缟者也"，这一点与现代物理学的"势能""动能"之间的相互转换类似。

其次，"兵无常势，水无常形"，说明势是经常变化的。将帅的作用，就在于制造、利用、引导这种变化为己所用，营造、巩固己方的势，削弱、转换敌方的势，所以要因势利导，更可以积沙成塔，集弱为势。

第三，势是有规律、有周期性的，尤其是宏观的势。《三国演义》开篇点题："话说天下大势，分久必合，合久必分。"现代国际关系、军事政治经济联盟、企业重组并购、金融市场走势等无不体现出这一点来。这种周期性也是势不断变化的一种特殊体现。

改革开放后，我国证券市场不断发展壮大，期间屡次开启了轰轰烈烈的股市大牛市，广大投资者纷纷投身其中。而在股市投资中可以与价值投资、成长投资并列的投资理念就是趋势投资。趋势投资的本质就是顺势而为，而势有大小，只有认清大势，才能顺势而为。当然，必须对势做出正确的判断，大到国际股市、周边股市的走向和国家政策面的趋势，小到每一个行业、每一家上市公司、每一轮行情都有不同的趋势，想要把握趋势，为己所用，就必须认真研究、仔细判断，才能做出正确的决策。投资如此，兵法如此，人生也如此！

关于怎样驾驭运用势，《孙子兵法·兵势》中有一番精彩论述，原文是这样说的："激水之疾，至于漂石者，势也；鸷鸟之疾，至于毁折者，节也。是故善战者，其势险，其节短。势如彍弩，节如发机。"

这一段话，孙子告诉了我们驾驭势的诀窍，那就是势险、节短。这是在《孙子兵法》中笔者最为欣赏的一段话，其中包含了精深的哲理，这段话基本道出了趋势投资的全部要点，笔者常常反复琢磨，体会其中对于我们股市操作的指导意义。下面我们就来仔细分析这一段话的含义：

势，前面已经讲过，略。

节，本指竹节，后引申为距离，也有用作节奏、节制、关节、节骨眼。有一层意思是"适"，即"恰好"。《荀子·天论》曰"……君子啜菽饮水，非愚也，是节然也"。是否可以理解为"能把握好远近分寸的关键时刻"？还有一种理解是"断"，杜佑持这种观点，认为"短，近也；节，断也"。但后来没有人朝这个方向推敲。是否取意于节的本义"段"不得而知，只是可以理解为"果断处置、当机立断"。

势险和节短，可以理解为运用比喻形象地说明"势"和"节"的用法。曹操认为"险，犹疾也"；梅尧臣注"险则迅也"；服部千春对"险"的理解比较深入。他在《孙子兵法校解》中说"险是八卦的坎卦，也即上下有阴，中间一阳，阴是静、柔，不动而伏于上下，阳是动、坚，迅疾地迸发。所以险的意思是寂静之中能骤然出动……"

曹操、李筌曰："短，近也。"梅尧臣曰："险则迅，短则劲，故战之势，当险疾而短近也。"节短，古代战争的体力需求及依赖程度决定了不可能长时间保持最佳状态，正所谓"强弩之末不能穿鲁缟"。

以上都是历史上著名人物的理解。笔者则是从资本市场操作的角度来理解这段话，下面简单讲一讲自己的粗浅理解：

股票趋势的形成，就像汹涌的流水，我们要跟上这个趋势，实现自身投资获利，就要掌握好节奏。善于驾驭趋势的投资者，他一定会选择已经形成上升趋势的股票（势险），他的买入时机一定是回调到恰到好处的买点位置，也就是即将启动大行情的位置（节短）。强势股票的走势就像拉满的弓即将发射启动，好的买点就是刚好买在扣动扳机的那一刹那。

《孙子兵法》中运用势的最高原则实际上也为我们的趋势投资提供了最为经典的指导，同时也阐明了最高标准的操作要求。那么，要达到这个要求，我们就必须解决两个问题：其一，如何判断一只股票的上升趋势已经形成；其二，趋势形成之后，即将启动大行情的最恰当买点在哪里。这就需要我们建立起交易系统，才能系统地回答这两个问题。

下一节，笔者就将具体讲述自己的交易系统——空中加油交易系统，本书即是围绕笔者这一交易系统进行详细论述。

第三节

空中加油交易系统

对于投资者来说，交易系统就像汽车的方向盘、飞行员的降落伞、海轮的罗盘，能够使你在茫茫市场中找到动手的方向，关键时刻还能使你控制风险并保住资金；对于投资者来说，交易系统还是"监管者"，使你严格执行自己的交易计划，不至于被市场中眼花缭乱的波动所迷惑而情绪性地进行交易。交易系统如此重要，为什么却最容易被人忽视呢？这是由于股票价差收入取得的表面特征使人们产生的心理误区：股票价差收入取得的前提是持仓方向和价格趋势变化的一致性，于是，人们当然认为对未来价格趋势的预测是交易中最重要的甚至是唯一的环节，也就自然地将绝大部分甚至全部的注意力放在对未来价格趋势的预测上。但殊不知，预测本质上只能是一种概率游戏，优秀的预测确实可以大大提高胜算，但笔者也确实见过10次交易9次预测正确却最终亏损的投资者，其亏损原因就在于没有交易系统，对亏损的那笔交易没有进行风险控制。我们也常常看到一些"说得好做得臭"的人，主要原因还是交易系统的问题没有彻底解决好。

为什么交易系统最难以贯彻？因为，交易系统常常是和人性相矛盾的：追求个人主观意愿、依情感行事而不愿意有所束缚是人性使然，许多人的潜意识中都认为个人对技巧的运用可以使自己做到别人做不到的事，以致对自己的交易行为总是心存侥幸；做事情只考虑好的一面，对不利的一面本能地不愿承认、不愿面对的"鸵鸟心理"也使人心理麻醉；市场短线波动的一些随机性特征使交易系统的执行似乎失去了一些"市场机会"的表面现象也足以使人迷惑，殊不知交易系统才是投资者最重要的法宝。

虽然每个人对趋势形成的判断标准不一样，但操作中每个人都要找到这个衡量趋势是否形成的标准。其实判断趋势是涨是跌的标准不难，均线系统就是最好的标尺，因为均线系统是顺势系统，它永远是追随趋势的。但有了均线系统不等于就可以入市交易了，在均线上显示趋势形成后，在趋势中出现了较为明朗的回调或者反弹形态后，方可入市交易。因为均线是较平滑的走势，而市场价格曲线是比较曲折的，持仓中看均线方向是可以过滤掉一些不必要的毛刺，以免其对持仓心态产生影响。在入市的瞬间，一个毛刺就可能打掉你的止损，所以入市点就要借助均线形态分析来把握，使你的入市点到可以承受瞬间毛刺的地步。

以下是笔者经过长期市场实践，以趋势投资的思路为基础，以均线系统为核心，总结出的一套交易系统，笔者为其命名为"空中加油交易系统"，该交易系统适用于股票（或者其他商品）价格K线图分析。

这个交易系统是笔者为了把握一切有价格波动行情的趋势而精心设计的，本书主要讲解股票行情的把握，但是其他一切能够形成K线图的价格波动也可以应用本交易系统来把握其中的交易机会。笔者为何将其命名为"空中加油交易系统"呢？因为本交易系统是为了把握股价上涨过程中涨幅最大、用时最短、拉升幅度最大的主升浪阶段的。股价从底部缓慢起涨的前期阶段，包括主力资金反复建仓、洗盘、打压，以及主升浪之前的起涨阶段，我们都已经全部排除掉了，根本不参与。就像飞机进行远距离作业，前期的起飞阶段我们都不参与，只是在中途进行空中加油之后，真正最流畅、最长距离的航行开始阶段，我们再跟上其航程。

笔者信奉的是趋势投资，那么在K线图中，能够最精确、完美表达趋势的是什么指标呢？笔者认为当仁不让地应属均线系统。首先K线虽然也能显示价格的变化趋势，但是K线变化太快，期间多有反复，而且过于单一，不易把握。均线本身也是根据K线的收盘价平均计算得来，而且将其连成一条一条的均线，更加直观、更加精确，均线系统是用多条不同周期的均线来揭示趋势的形成、延续、结束的全过程，不同周期的均线揭示不同周期的趋势，更容易让人把握。其次，现在有大量的技术指标，其中很多都是使用重要的均线作为指标计算的依据和内核，只是引入了更多的复杂计算，但都显得过于繁复，反而不像均线系统这样单纯地表达趋势。所以，笔者选择了最能够对趋势进行掌控和把握的均线系统来设计交易系统，即空中加油系统笔者非常认同"股价好比是船，均线好比是水，顺水行船则一日千里、事半功倍"的说法。

一、空中加油交易系统买入条件

首先，我们在K线图上设置4条均线：5单位均线（以下简称MA5）、10单位均线（以下简称MA10）、20单位均线（以下简称MA20）、60单位均线（以下简称MA60）。这同时也是大多数软件默认设置的均线系统。设定好以后，必须同时全部满足以下3个条件：

1. 4 条均线形成多头排列：即从上往下依次是 MA5、MA10、MA20、MA60。并且，除了 MA5 可以允许方向向下运行之外，其他 3 条均线的方向全部向上运行。

2. 4 条均线同步、流畅地向上发散：MA5 和 MA10 之间的距离小于 MA10 和 MA20 之间的距离，MA10 和 MA20 之间的距离小于 MA20 和 MA60 之间的距离。关于流畅，这就需要一种总体的感觉，均线的运行反复曲折不好，必须要平稳、顺畅的向上发散，同时 4 条均线之间的间隔距离从上到下自然而然呈现从小到大的排列。

3. 股价缩量回到 MA5 和 MA10 之间，此时股价就进入了多头"空中加油狙击区"，应当果断买入建仓！此时需要注意，股价回调幅度越小越好，成交量萎缩越小越好，最好是以时间换空间，横盘等待均线系统运行上来，使得股价被动进入"空中加油狙击区"，这是最好的买点！

二、空中加油交易系统卖出条件

以下 4 个条件任意出现一个即可作为卖出依据：

1. 股价收盘跌破 MA20，出现止损卖出信号，应当立即卖出清仓。

2. 当 MA10 经过连续大幅向上运行，到开始拐头向下，这就是趋势已经结束的信号，应当立即卖出清仓。

3. 当股价大幅拉升，造成某一时刻的 MA5 与 MA10 之间的间距大于 MA10 与 MA20 之间的间距，这就是短线拉升过快的逢高卖出信号，应当立即卖出清仓。

4. 结合 K 线图上的重要压力区域、套牢区间，或者根据重要指标寻找卖点。

以上就是笔者的交易系统——空中加油交易系统的全部内容。在达到买入条件后买入股票，还没有出现卖出条件之时，则应该坚定持有。

孙子说："古之所谓善战者，胜于易胜者也。"股市中有几千只股票，可我们做的时候只是做一两只；股市中有上百种分析方法，可我们能够纯熟运用一种就够了。做自己最熟悉的股票，用自己最适合的操作方法，就会大幅度地增加胜算。建立起了交易系统之后，熟能生巧，成功就在点滴的积累之后。谨慎的思考，果敢的行动，加上熟悉的环境和娴熟的手法，安能不胜？

空中加油交易系统的运用

一、空中加油交易系统买入条件详解

下面我们就针对空中加油交易系统的买入和卖出条件逐条进行具体讲解。首先我们设置的4条均线 MA5、MA10、MA20、MA60，这在各大股票软件上面都可以轻松设置。笔者认为这4条均线是最能够揭示趋势变化的一组均线系统，当然也有其他高手提出各种不同周期的均线系统，但本质上各种周期的均线系统都是一样的。我们选取这一组大部分软件上面默认设置的，同时也是使用人数最多的均线系统，也是经过反复检验之后选择的。如图1：

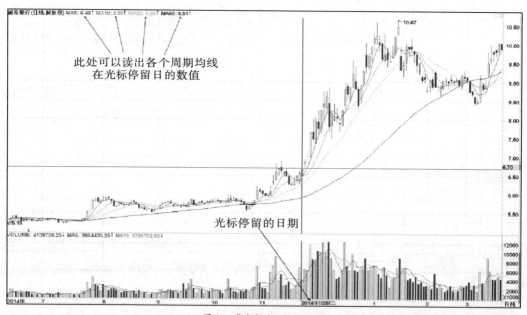

图1　浦发银行（600000）

1. 均线系统形成多头排列，就意味着经过了市场资金的反复博弈之后，上升趋势已经确立，股价大概率地就会延着趋势继续向上运行。我们从均线系统形成多头排列那一天就要开始关注该股，重点关注4条均线是否都是方向向上运行。如图2：

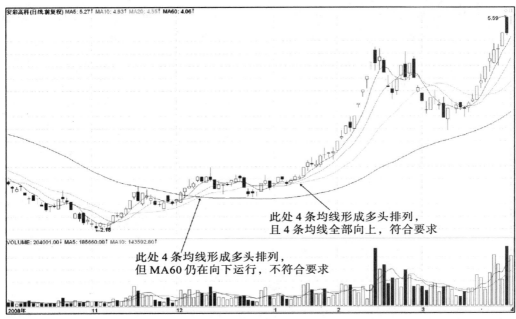

图 2 安彩高科 (600207)

2. 4 条均线同步向上发散，就像一把刷子均匀地向上展开，线条流畅，同时 4 条均线之间的间隔距离从上到下自然而然呈现从小到大的排列，这就是主升浪即将展开的标志，也就是《孙子兵法》中所说的"其势险"，险就险在股价即将加速，从平缓的爬升马上就将进入主升浪，这才是我们要寻找的最好的技术形态。如图 3：

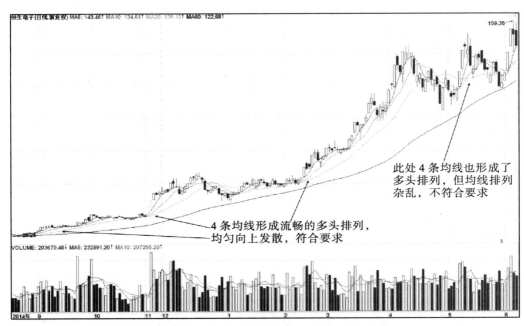

图 3 恒生电子 (600570)

　　我们再把K线图调整到均线系统正好形成多头排列的期间，比起能够看到后面的走势，这样的视角更贴近我们身在其中的感受。如图4：

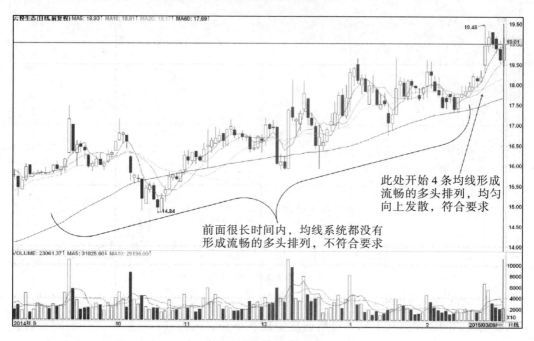

此处开始4条均线形成流畅的多头排列，均匀向上发散，符合要求

前面很长时间内，均线系统都没有形成流畅的多头排列，不符合要求

图4　云投生态（002200）

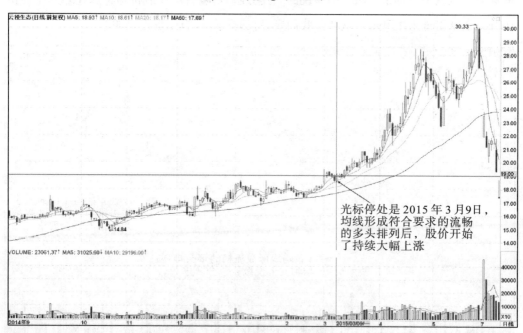

光标停处是2015年3月9日，均线形成符合要求的流畅的多头排列后，股价开始了持续大幅上涨

图5　云投生态（002200）

图 4 是云投生态截至 2015 年 3 月 9 日的走势图，我们看到截图的最后交易日，均线系统已经形成流畅的多头排列，4 条均线除了最上面的 MA5 略微向下外，其他 3 条均线全部向上运行，而且 4 条均线从上至下，每两条均线之间的间隔，依次增大，完全符合我们的要求。该股其后的走势就是主升浪上涨阶段。

从图 5 可以看到，云投生态在流畅的多头排列形成之后，后续两个多月涨幅达到 50％以上。

下面我们再看一个例子：

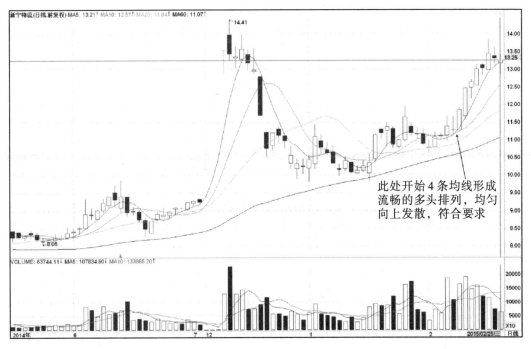

此处开始 4 条均线形成流畅的多头排列，均匀向上发散，符合要求

图 6 新宁物流（300013）

图 6 是新宁物流截至 2015 年 2 月 25 日的走势图，从图中可以看到 4 条均线系统形成了流畅的多头排列，4 条均线全部向上运行，均线之间的间隔从上至下依次递增，完全符合我们的要求。下面我们在图 7 中可以看到该股后续的走势。

从图 7 可以看到，新宁物流在流畅的多头排列形成之后，后续 3 个多月涨幅达到 300％以上。

股价回到 MA5 和 MA10 之间就是我们的买入点，股价回到这一区域我们称之为"多头空中加油狙击点"，这也是笔者经过长时间反复观察、体会从而得出的一个重要结论。股价运行过程中在突破向上之后和继续进入主升浪拉升之间，需要一个休整的间隙，这个小小的休整往往就是股票价回量缩回踩到 MA5 和 MA10 之间的位置，这就是股市上常说的"千金难买牛回头"，也是《孙子兵法》中所说的"其节短"，节短就短在机会稍纵即逝，这是投资者参与即将开始的主升浪的绝佳机会，即最佳买入时机！

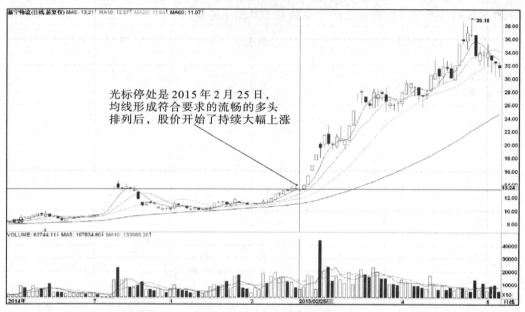

光标停处是 2015 年 2 月 25 日，均线形成符合要求的流畅的多头排列后，股价开始了持续大幅上涨

图 7　新宁物流（300013）

下面提供几只股票的空中加油狙击点的标准形态图。读者不妨多看看，仔细体会股价趋势的变化。

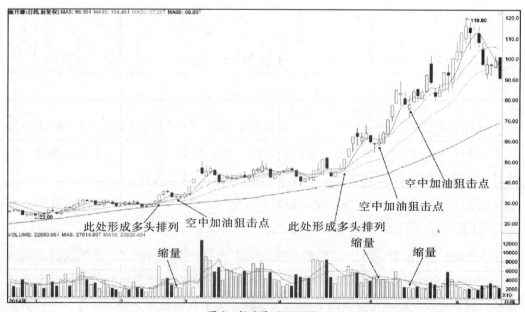

此处形成多头排列　空中加油狙击点　空中加油狙击点　此处形成多头排列　缩量　缩量　缩量

空中加油狙击点

图 8　新开源（300109）

　　图8是新开源在2015年上半年的走势图，从图中可以看到，股价两次形成流畅的多头排列后，都给出了极佳的空中加油狙击点（如图所示），短线参与之中可以获得非常丰厚的利润。

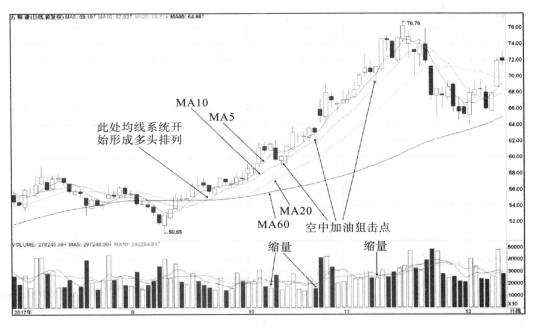

图9　五粮液（000858）

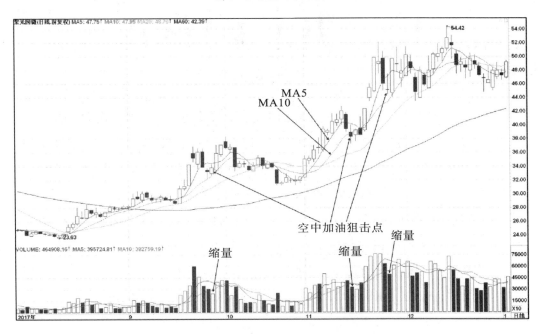

图10　紫光国微（002049）

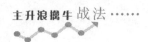

图9是五粮液在2017年年底的走势图,从图中可以看到,股价形成流畅的多头排列之后持续沿着10日均线向上攀升,期间多次缩量回踩5日均线以下,给出标准的空中加油狙击点(如图中所指出),让投资者能够逢低买入获利。

图10是紫光国微在2017年年底的走势图,期间至少给出3次标准的空中加油狙击点(如图所示),参与后短线都有不错的获利空间。

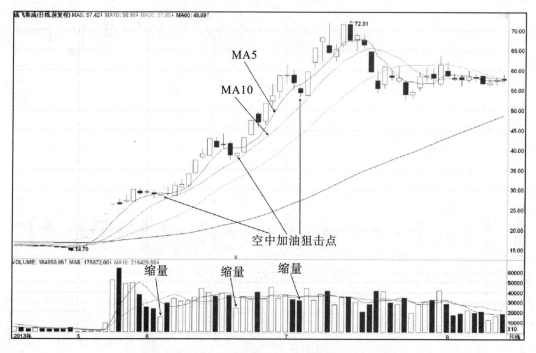

图11　成飞集成(002190)

图11是成飞集成在2014年上半年的走势图,图中可以看到股价从空头趋势连续拉升几个涨停板之后强行扭转为多头排列,此后股价并未调整,反而继续小幅抬升,以时间换空间,等到均线上行,出现标准的空中加油狙击点(如图中所示),然后继续暴涨翻倍。后面上涨途中又出现了两次空中加油狙击点(如图中所示)。

图12是包钢股份在2017年6、7、8月份的走势图,图中可以看到股价从横盘逐渐走强,均线系统从纠结在一起逐步向上发散形成多头排列,此后MA10、MA20和MA60均平滑、流畅向上运行,MA5波浪式向上运行,期间股价2次缩量回落出现标准的空中加油狙击点(如图中所示),投资者买入后短线都有不错的收益。

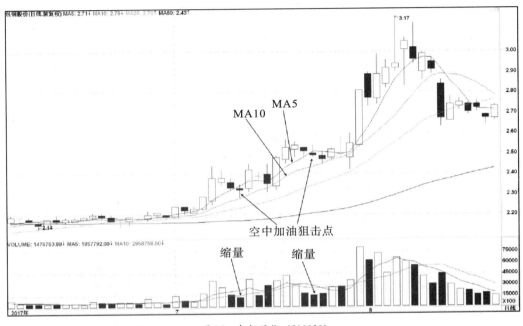

图 12 包钢股份 (600010)

二、空中加油交易系统卖出条件详解

俗话说"会买是徒弟，会卖才是师父"。有了一个良好的买入点之后，精准把握卖出时机就成为最重要的一环，投资者切不可大意。买入之后，我们就必须继续密切关注股价与均线系统的动态变化，谨慎持有，紧盯趋势，一旦出现趋势被破坏，必须果断卖出。

笔者经过反复观察趋势的变化，总结出 4 种趋势的结束方式，据此提出了 4 条空中加油交易系统的卖出条件，前文已述。下面我们就具体讲解如何把握 4 条卖出条件。读者也可以自己揣摩，看看有没有更好的卖出信号。

1. 股价跌破 MA20 就是止损信号。股价经过大幅上涨之后，短时间大跌破位结束趋势。有可能是突然的利空消息打压，也可能是大盘大跌，也可能没有任何消息，但股价选择了下跌。下跌一旦超过一定限度，趋势也就被破坏了，趋势破坏之后能不能再重新走强也是未知，这时候明智的做法就是离开。因为我们跟随的是趋势，趋势已经不在了，我们也不能留恋。那么下跌超过什么限度，趋势就被破坏了呢？以笔者的体会来看，股价跌破 MA20 就是限度，强势股一般不会跌破 MA20，但有些股票弱一点，会在盘中短暂跌破 MA20 又在收盘之时拉回来，所以我们可以以收盘价跌破 MA20 作为最后止损的信号。下面我们看几只股票的例子：

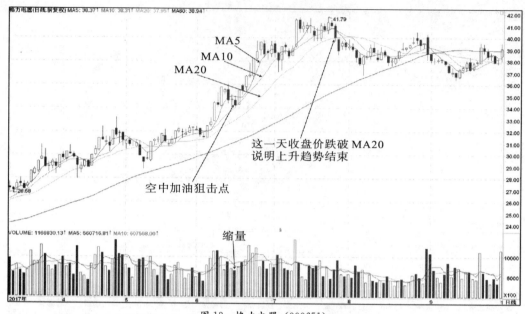

图 13 格力电器（000651）

图 13 是格力电器在 2017 年 3 月至 9 月的走势图，图中可以看到股价震荡上升，在
6 月 16 日缩量回调到空中加油狙击点（如图中所示），此后再度连续大涨，迭创新高。
但在 7 月 26 日这一天收盘价跌破了 MA20，上升趋势被破坏，投资者应当止损卖出。
虽然是止损，但是这里卖出价仍然比空中加油狙击点高将近 20%，投资者按此操作仍
然获利颇丰。卖出后股价陷入了横盘震荡中。

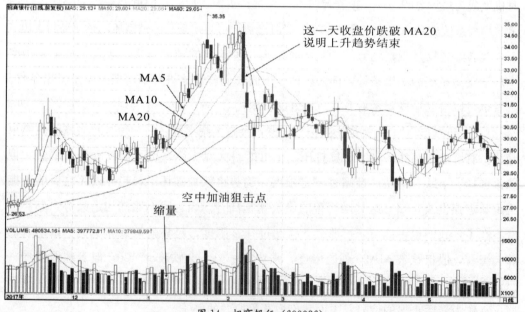

图 14 招商银行（600036）

图 14 是招商银行在 2017 年 11 月至 2018 年 5 月的走势图，图中可以看到股价在 2018 年 1 月 9 日缩量回调到空中加油狙击点（如图中所示），第二天开始爆发向上，但在 2018 年 2 月 7 日这一天收盘价跌破了 MA20，上升趋势被破坏，投资者应当止损卖出。虽然是止损，但是这里卖出价仍然比空中加油狙击点高 10% 左右，投资者按此操作仍然获利。卖出后上升趋势结束，股价震荡向下。

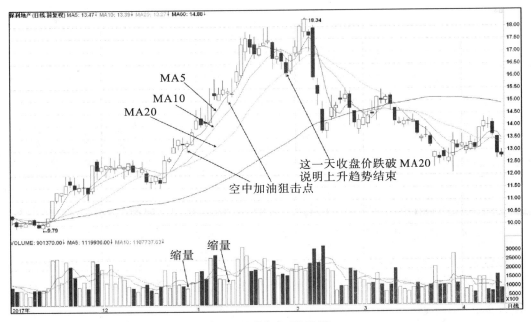

图 15　保利地产（600048）

图 15 是保利地产在 2017 年 10 月至 2018 年 4 月的走势图，图中可以看到股价分别在 2017 年 12 月 28 日和 2018 年 1 月 11 日两次缩量回调，但都是以下影线的形式进入空中加油狙击点（如图中所示），紧接着股价继续强势拉升，但在 2018 年 1 月 30 日这一天收盘价跌破了 MA20，上升趋势被破坏，投资者应当止损卖出。虽然卖出后股价又连涨 4 天，创出新高，但是投资者应该明白，交易系统不能确保卖出后股价必然下跌，只要能够做到规避大部分风险就达到了目的。

2. MA10 从向上运行掉头向下即卖出信号。股价完成一轮涨幅，在高位逐渐支撑不住而缓慢下跌结束趋势。这是正常的一轮上升趋势达到了极限，可以说是趋势"寿终正寝"了，但股价并未马上大跌，反而依旧恋恋不舍在高位磨磨蹭蹭，但最终会显出疲态。那么具体什么信号显示趋势完结了呢？笔者根据观察发现，股价经过大幅上涨之后，一旦 MA10 从一路向上开始拐头向下，就是趋势完结的信号，此时不走更待何时？下面举例说明：

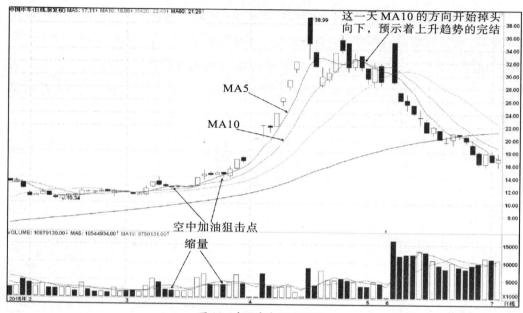

图16 中国中车（601766）

图16是中国中车在2015年1月至7月的走势图，从中可以看到，在3月24日以下影线的形式进入空中加油狙击点（如图中所示），此后股价迎来一轮暴涨，MA10也持续向上运行，但进入2015年4月30日后，MA10开始向下拐头，股价此时还未开始大跌，但MA10的掉头下行预示着股价上升趋势的完结，投资者应该果断卖出。此后股价果然一路下跌。

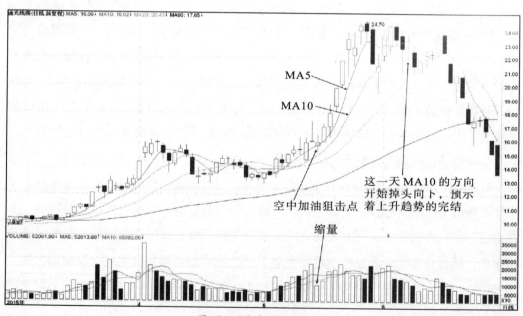

图17 通光线缆（300265）

　　图17是通光线缆在2015年3月至7月的走势图，从中可以看到，在2015年5月15日股价盘中缩量回到空中加油狙击点（如图中所示），第二天开始持续拉升，MA10也持续向上运行，但进入2015年6月5日后，MA10开始向下拐头，股价此时还未开始大跌，但10日均线的下行预示着股价阶段性的高位见顶，应该果断卖出。此后虽然股价还有一波反弹，但很快就开始大跌。

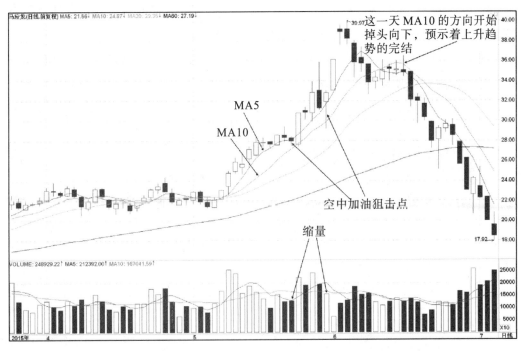

图18　马应龙（600993）

　　图18是马应龙在2015年3月至7月的走势图，从中可以看到，在2015年5月22日股价缩量回到空中加油狙击点（如图中所示），第二天涨停。5月29日早盘股价再度缩量回到空中加油狙击点（如图中所示），当天收阳，第二个交易日继续涨停。期间MA10也持续向上运行，直到2015年6月15日MA10开始向下拐头，股价此时还未开始大跌，但10日均线的下行预示着股价阶段性的高位见顶，应该果断卖出。第二天股价就开始持续大跌。

　　3. 股价短线透支性上涨。第三种方式显得非常特殊，那就是股价经过一段时间上涨之后开始加速拉升，或者短线爆发性上涨，短时间完全透支了趋势，趋势也就阶段性地结束了，此后就进入了调整，甚至开始绵绵阴跌。那么我们该如何界定股价短线的上涨是否已经透支了呢？笔者的观察是，股价的短期透支性上涨都会造成均线系统的变形，具体来说就是观察 4 条均线之间的距离，MA5 和 MA10 之间的距离我们称之为"上线距"，MA10 和 MA20 之间的距离我们称之为"中线距"，MA20 和 MA60 之间的距离我们称之为"下线距"。每一天每一条均线的具体数值，我们都可以在软件上面看到，求出相应均线的差值，得到 3 个距离。我们的买入条件第三条要求：上线距<中线距<下线距，这也是正常形态下的状况，那么短期的透支性上涨往往会造成上线距>中线距，当发现了这一点时，就可以及时逢高了结手中的仓位，做到与趋势共进退。当然，还有一个特殊情况，那就是连续涨停，只要股价仍封死在涨停板上，那么我们可以继续持有，均线系统的变形在超强势状态下也可以持续几天，等到涨停板打开之后，如果仍然符合上线距>中线距，那么就要坚决出货。下面举例说明：

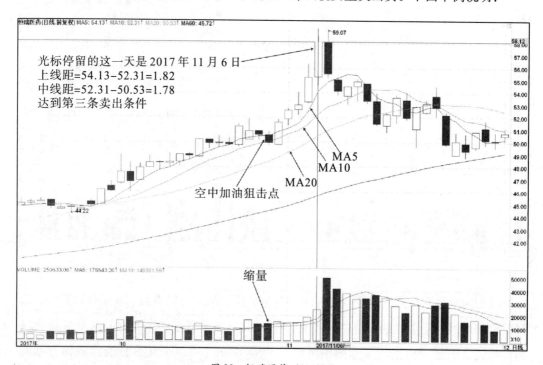

图 19　恒瑞医药（600276）

　　上图是恒瑞医药在 2017 年 11 月的冲高回落走势，10 月 30 日股价回到空中加油狙击点，虽然成交量缩量并不明显，但考虑到均线系统运行非常流畅，前面缩量之时股价很难回到 MA5 下方，因此这一次买入机会仍然值得把握。此时上线距低于中线距，直到 11 月 6 日这一天，上线距首次大于中线距，趋势有透支的迹象，应该果断卖出。此后上升趋势结束，股价维持了几个月震荡。

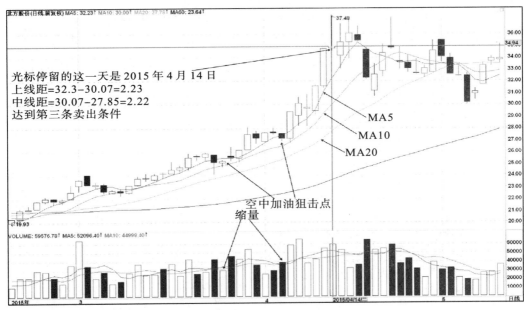

图 20　北方股份（600262）

上图是北方股份在 2015 年上半年的走势图，可以看到均线系统在 2015 年 2 月下旬开始形成了多头排列，此后逐渐向上发散，股价在 3 月 25 日和 4 月 3 日两次缩量回到空中加油狙击点，第二次买点过后股价出现了加速上涨，在 4 月 14 日这一天，首次出现了上线距大于中线距的现象，趋势出现透支的迹象，应该果断卖出，当天股价也达到了一个阶段性的高点。

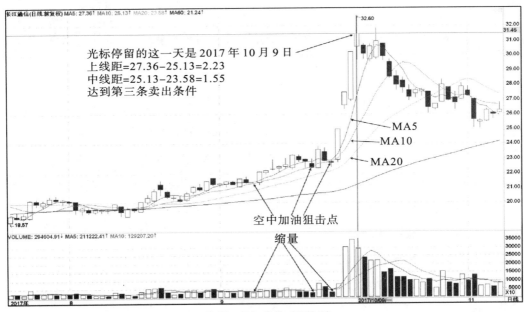

图 21　长江通信（600345）

　　图 21 是长江通信在 2017 年下半年的走势图，可以看到均线系统在 2017 年 8 月下旬开始形成了多头排列，此后逐渐向上发散，股价在 9 月 8 日、9 月 21 日和 9 月 26 日三次缩量回到空中加油狙击点，第三次买点过后股价出现了加速上涨，在 9 月 29 日这一天，首次出现了上线距大于中线距的现象，趋势出现透支的迹象，但是当天收盘股价仍封住涨停板，因此可以继续持有。到了下个交易日，也就是 10 月 9 日这一天，仍然符合上线距大于中线距，投资者应果断卖出，当天股价也见到了一个阶段性的高点。

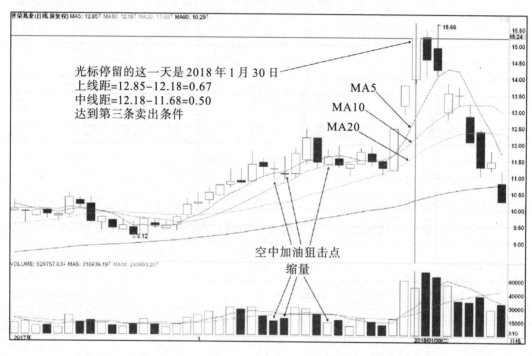

图 22　世荣兆业（002016）

　　图 22 是世荣兆业在 2018 年年初的走势图，可以看到均线系统从 2018 年 1 月初形成多头排列后，该股在 1 月 11 日、1 月 12 日和 1 月 18 日三次缩量回到空中加油狙击点，投资者可以买入。此后股价跌破 MA10，甚至盘中触及 MA20，但没有出现收盘跌破 MA20 或者 MA10 向下掉头的情况，因此不能触发止损条件，应当继续持有。1 月 26 日开始该股连续三天涨停，到了第三个涨停板，也就是 1 月 30 日出现了上线距大于中线距的情况，但当天股价仍封住涨停板，因此可以继续持有，下个交易日至 1 月 31 日该股下跌，同时均线系统符合第三种卖出条件，应该果断卖出，此后股价持续大幅下跌。

　　4. 第 4 种方式就是结合 K 线图上的重要压力区域、套牢区间，或者根据重要指标寻找卖点这一条有多种方法可以找出卖出信号，下面举例说明：

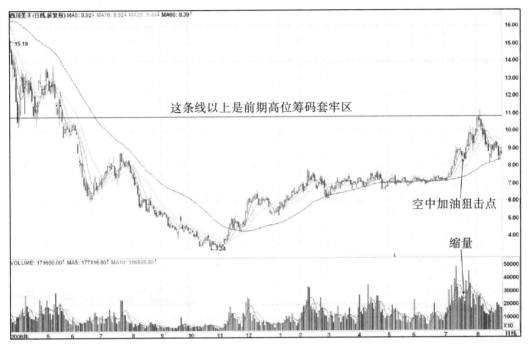

图 23　四川美丰（000731）

图 23 是四川美丰在 2009 年 8 月的一波反弹，均线系统在 2009 年 7 月初形成多头排列后，股价在 7 月 17 日、7 月 20 日和 7 月 21 日连续三天缩量回到空中加油狙击点，投资者介入后可以参考前期高位筹码套牢区的压力位，当股价上冲到阻力区域之后主动选择逢高减仓，而不用等到出现前两种卖出条件。

以上就是空中加油交易系统的全部内容，这个交易系统的核心思路就是：只参与股价的主升浪阶段，不参与前期复杂的建仓、洗盘等阶段，更不会参与到下跌趋势之中，一旦趋势有破坏的迹象就马上离场。这样的好处是显而易见的，我们只要坚持按照空中加油交易系统来指导我们的股票交易，就可以较好地规避市场所有的大型调整，因为直到股价走出上升趋势，我们才参与其中，最大限度地避免了下跌带来的损失，而又不错过上升趋势的利润。只要没有好的机会，我们就空仓等待，严格按照交易系统的要求执行，这样我们的成功率自然就提高了。

《孙子兵法》说："昔之善战者，先为不可胜，以待敌之可胜。不可胜在己，可胜在敌。故善战者，能为不可胜，不能使敌之必可胜。故曰：胜可知，而不可为。"

孙子这段话虽然说的是战争，但我们再结合空中加油交易系统来看，完全就是一个成功投资者的生动写照：排除一切外界诱惑，坚守交易系统的要求，空仓等待良好时机的出现。使自己处于不败之地，耐心等待市场给出胜利的机会。优秀的投资者可以使自己立于不败之地，却无法强行让市场出现机会。所以，胜利是可以预见的，但不能强求。

随着现在个股数量越来越多，个股走势的差异化也越来越明显，可以说东边不亮西边亮，市场中的交易机会层出不穷，我们完全可以找到大量的符合交易系统要求的好股票来操作，我们所需要提高的只是自己对交易系统的深入理解，然后根据不同市场状况灵活运用交易系统。

最后，我们还需要提醒投资者，按照空中加油交易系统，买入要求必须 3 个条件全部同时符合，这也是最基本的要求。后面，我们根据不同的市场情况还可以因地制宜地加上其他各种附加条件，后文再详细叙述。而卖出条件则是 4 个条件出现任意一个就可以触发卖出操作，这也体现了交易系统对于持股条件的严格要求。那么这就要求投资者将各种卖出条件烂熟于心，在持有股票的情况下，必须随时关注行情波动，保持警惕，一旦发现出现某一种卖出条件，能够及时操作。同时，投资者也应该尽可能地多观察、总结，熟悉市场状况和交易系统卖出条件。

三、空中加油交易系统在不同周期的应用

前面，我们都是以日线图来说明空中加油交易系统的运用，但是我们的交易系统所要求的均线并未仅限于日 K 线图上。从理论上来说，股价的波动具有全息性质。

有佛经曰："于一微尘中，悉见诸世界。"这就是全息理论的生动描述，全息理论的主要思想是我们的宇宙是一个各部分之间全息关联的统一整体。在宇宙整体中，各子系与系统、系统与宇宙之间全息对应，凡相互对应的部位较之非相互对应的部位在物质、结构、能量、信息、精神与功能等宇宙要素上相似程度较大。在股市里，全息学的应用主要就是一个小波段的走势会在一个大波段中反复出现，小波段走势也会演变为大波段的走势。我们要清楚这些小波段的特征，然后复制到大波段，以及大波段里的各个位置中去。也就是说股价波动的部分是整体波动的缩影，简单来说，也就是日线图放大到周线图，再放大到月线图乃至年线图，其波动的规律都是一样的。

反过来，K 线图也可以无限缩小，小时图、10 分钟图、1 分钟图，无论宏观还是微观，价格的波动规律都是一样的。从这个意义上说，空中加油交易系统适用于一切周期的 K 线图。那么，下面笔者就举几个例子，看看其他周期是否也适用空中加油交易系统。

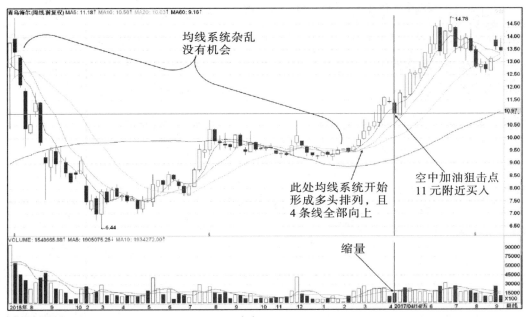

图 24　青岛海尔（600690）

图 24 是青岛海尔从 2015 年到 2017 年的周 K 线图，图中标示出 2017 年 4 月 14 日当周回到空中加油狙击点的买入机会，其后该股经过 8 周上涨，逼近 2015 年高点阻力位才出现调整，波段涨幅 30％以上。其实该股在 2015 年初也出现过周线级别的极佳买点，读者朋友可以自己体会。

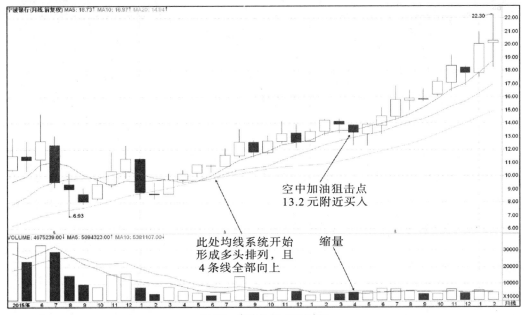

图 25　宁波银行（002142）

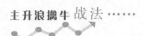

图25是宁波银行的月K线图走势，图中所示2017年4月收阴，回到空中加油狙击点，月线图上显示4月成交量比前面三个月略大，但考虑到年初春节因素，一季度成交量略小也是正常的，只要不出现大幅放量下跌，都是不错的买点，13.2附近投资者可以从容买入，此后连续拉升，屡创历史新高，10个月内最大涨幅近70%。

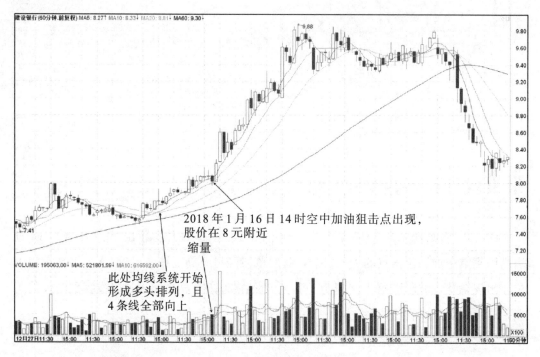

图26　建设银行（601939）

图26是建设银行的60分钟K线走势图，如图所示，2018年1月16日14时收一根阴线，刚好回到空中加油狙击点，形成最佳买点，此后6个交易日连续上涨20%以上。投资者就算等到股价跌破MA20再出局，也能获得不错的短线收益。

图27是靖远煤电的30分钟K线走势图，如图所示，2017年8月31日11：30这一根K线以及前后各一根K线都回到空中加油狙击点，形成买点，此后迅速上涨。在9月1日13：30这一根K线出现了上线距大于中线距的情况，触发第三种卖出条件，投资者此时出局，持股一天可以获利6%左右。

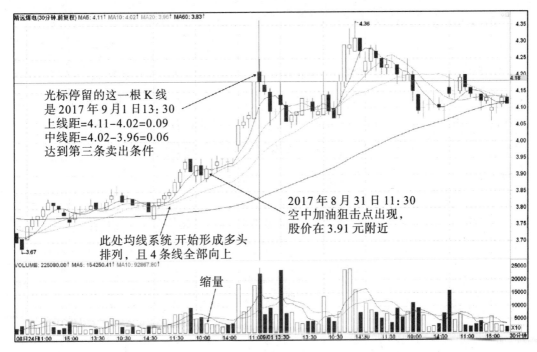

光标停留的这一根 K 线
是 2017 年 9 月 1 日 13：30
上线距=4.11-4.02=0.09
中线距=4.02-3.96=0.06
达到第三条卖出条件

2017 年 8 月 31 日 11：30
空中加油狙击点出现，
股价在 3.91 元附近

此处均线系统开始形成多头
排列，且 4 条线全部向上

缩量

图 27　靖远煤电（000552）

我们按照一个固定的交易系统进行操作，可能会错失很多市场盈利的机会，但它也可以使你不犯或少犯错误。市场走势有很多不确定的因素，但我们应该力求每次交易都是程序化、有计划、有步骤、有规则的交易。

我们设计交易系统的最大原则就是成功率最大化，包括交易总次数中成功的交易数量要最大化，还包括成功交易的获利幅度也要大于亏损交易的亏损幅度。这样我们依据交易系统来参与股市投资，才能拥有最大的成功率，才能在把亏损次数和幅度都控制在最低限度的情况下，尽可能地增加盈利次数和幅度。

为了尽量提高成功率，我们就必须严格遵循交易系统的要求：

1. 没有出现交易系统所规定的买入信号就绝不动手，保持空仓，不受外界任何诱惑。

2. 一旦买入之后，没有出现交易系统规定的卖出信号，就坚决持有，敢于赚钱，让利润飞奔。

3. 一旦出现交易系统所规定的卖出信号，必须果断卖出，绝不留恋，不找任何借口。

四、空中加油交易系统在空头趋势下的应用

前面我们从多头市场的角度讲解了空中加油交易系统的应用，而我们的空中加油交易系统本身不仅适用于多头市场，同样也适用于空头市场，只需要将前面所述的买入条件、卖出条件全部翻转，做多的条件就成为做空的条件、平仓的条件。笔者在此就不一一列出翻转之后的买空条件了，投资者可自行列出做空的 3 个条件以及空单平仓的 4 个条件。下面，我们举例说明。

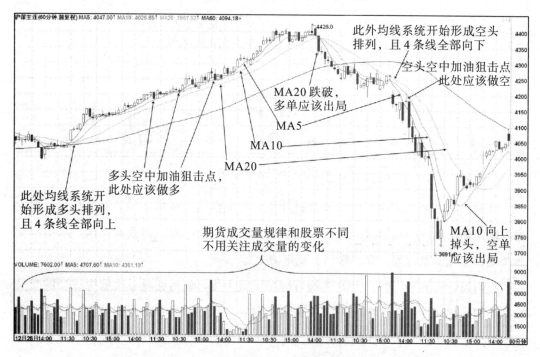

图 28　IF 当月走势图

图 28 是我国的股指期货沪深 300 从 2018 年元旦到春节附近的 60 分钟 K 线图。这一段时间的 K 线图显示的机会非常明显，我们分别标示出了一个多头空中加油狙击点和一个空头空中加油狙击点。从图中可以看到，前一个做多机会和我们前面所讲一致。当后面均线系统形成流畅的空头排列，指数又回到 MA5 和 MA10 之间的时候，出现了非常明显的空头空中加油狙击点，此时我们应该选择在股指期货上面做空，短短 3 天时间，指数大跌 10％以上。可见，我们在市场不好的时候，完全可以选择通过做空指数来挣钱，不用冒巨大的风险去买入股票。

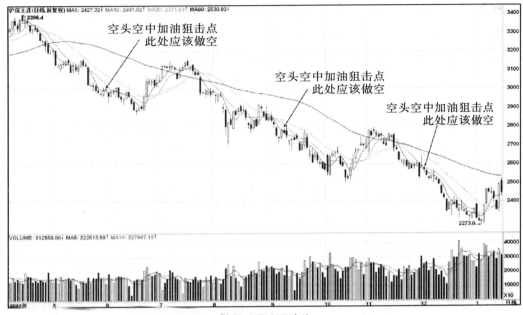

图 29　IF 当月连续

图 29 是我国的股指期货沪深 300 在 2017 年的日 K 线图。这一段时间大盘总体震荡向下，股指期货也同步震荡下跌，我们分别标示出了 3 次明显的空头空中加油狙击点，投资者据此做空，短线都能获得不错的收益。其实图中标准的空中加油狙击点还有很多，投资者可以仔细观察，并找到每一次做空机会应该在哪里平仓。

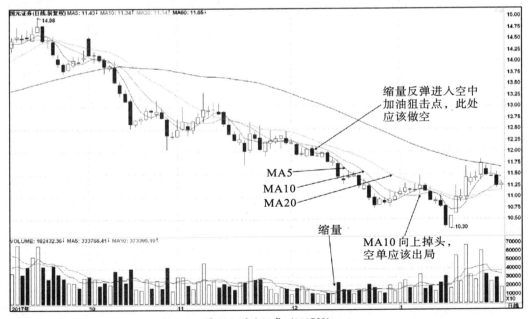

图 30　国元证券（000728）

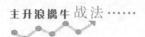

图 30 是国元证券在 2017 年下半年的日 K 线走势图，如图所示，2017 年 12 月初开始均线系统形成了流畅的空头排列，12 月 7 日股价缩量反弹进入空中加油狙击点，由于该股是融资融券标的股，投资者可以通过融券卖出做空。此后该股连续下跌，直到 2018 年年初 MA10 开始掉头向上，投资者此时应该出局，可以获利 6％左右。

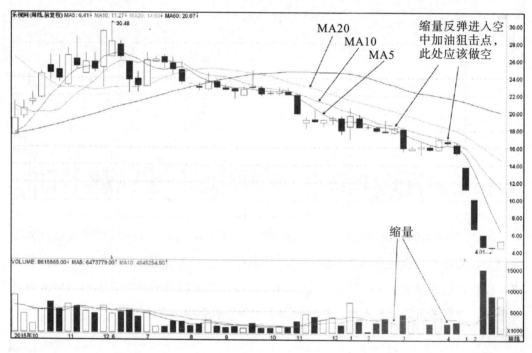

图 31　乐视网（300104）

图 31 是乐视网的周 K 线图。从图中我们可以看到，从 2017 年 1 月 20 日这一周开始，其周线图就形成了标准、流畅的空头排列，此后股价就再没有站稳过 MA10，并持续下跌。我们按照空中加油交易系统，就应该做空该股，该股也有融资融券的功能，投资者就算在第二次空中加油狙击点进场做空，在不考虑融券杠杆的情况下，也可以获利 70％以上。就算我们不习惯去做空个股，但是看到它已经形成空头趋势，也应该坚决卖出，不能再持有该股。依据交易系统的做空提示，就完全可以规避此后的大跌风险。

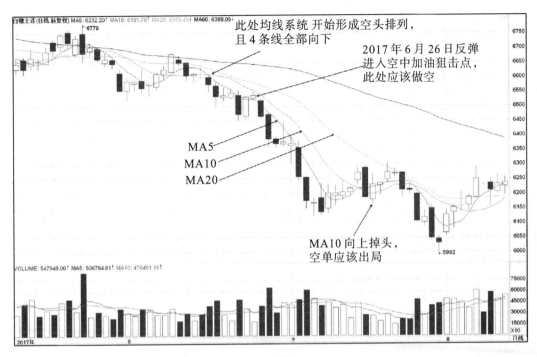

图 32　白糖主连

图 32 是我国的商品期货白糖主连，从 2017 年 4 月至 8 月的日 K 线图可以看到，均线系统在 6 月中旬形成空头排列，到了 2017 年 6 月 26 日期货价格反弹回到空中加油狙击点，投资者此时根据交易系统应该进场做空，此后价格一路下跌，直到 7 月 19 日 MA10 开始掉头向上，此时空单应该平仓。按照收盘价计算，按此做空白糖期货获利 4.58％，如果算上期货的杠杆，资金盈利幅度更大。

第三章
买卖机会与技巧

操作赚不赚钱，关键就看买卖点，把握好了买卖点就把握好了一切。行情一定有错判的时候，一是因为技术不行，一是因为心态太急。心态太急，可慢慢修炼；技术不行，则应重点研习把握买卖点的技术。前文所述的空中加油交易系统也只是提出了一个框架，具体买卖点的把握还得参考许多相关指标，比如 MACD、KDJ 等。笔者一般看 8 个常用技术指标，根据指标的基本原理来指导买入和卖出，这是操作的基础。下面笔者就具体分享如何在股市中更好地把握买卖点，另外重点阐述止损的重要性，最后详细介绍一下仓位控制的方法。供大家参考，希望对大家有帮助。

第一节

建仓的典型形态

在上一章，我们提出了空中加油交易系统，那么在这个交易系统之中，买入点的把握是很明确的。但是还有两点，需要投资者朋友们特别注意：第一，股价回到 MA5 和 MA10 之间，什么位置买入最好？第二，缩量回调，该如何理解？

下面，我们就来详细解答这两个问题。

首先来看缩量，成交量缩量也要和股价运行相结合来看，一般来说前期有标志性阳线，或者突破性阳线，应该都是放量的，那么股价回到空中加油狙击点这一天的成交量必须低于前述阳线的成交量，越低越好。如果前面没有大阳线，都是小阳线，那么股价回到空中加油狙击点的那一天如果收阴，成交量可能会放大，但只要不超过前面两天的量就不用怕股价回落。以笔者长期观察来看，一般会回到 MA5 和 MA10 的平均价附近，极限位置会回到 MA10 附近，跌破 MA10 的个股属于弱势股不能操作。因此，我们的买入点最好选择在股价首次回到 MA5 和 MA10 的平均价附近。不过，股价运行形态不同，回调的位置也可能不同。具体形态有以下 3 种。

1. 最稳妥的形态——慢牛即将加速

股价形成多头排列后以小碎步向上攀升，但还未拉出大阳线，以小阳线和十字星为主，均线之间的距离还没有大幅拉开，所以就算股价跌破 MA20，损失也不大。如果均线运行非常流畅，尤其是股价经过长时间低位调整之后开始向上突破最佳。这种情况下，股价的回踩一般以下影线的形式完成，很少出现阴线，成交量在阴线时是温和缩量的。这一形态是我们遇到的最稳妥的形态，是股价从起步到拉升的过渡阶段，我们应当在盘中密切关注，一旦股价盘中回踩到 MA5 和 MA10 的平均价附近，就要果断出手，就算买高了一点，股价其后的涨幅也会使你盈利。下面我们举例说明。

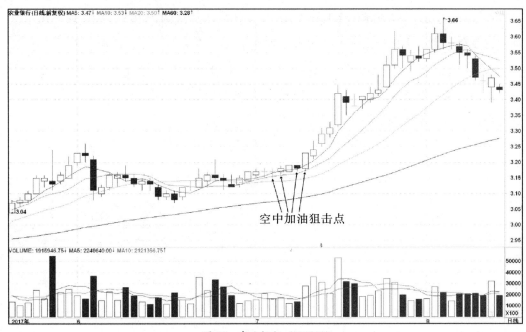

图 33 农业银行（601288）

　　图 33 是农业银行在 2017 年中的一段日 K 线走势图，可以看到股价在图中所示空中加油狙击点位置形成非常平稳的多头排列，股价波澜不惊，我们在空中加油狙击点买入后就可以轻松获得其后股价加速拉升的利润。

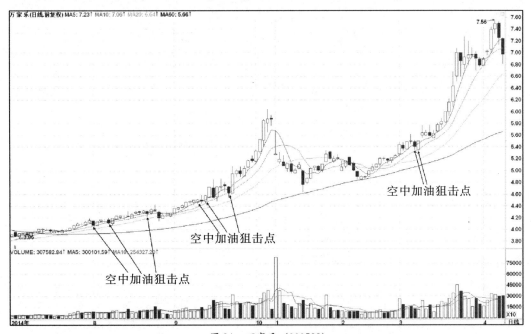

图 34 万家乐（000533）

图 34 是万家乐从 2014 年 7 月至 2015 年 5 月的日 K 线图，由于该股此前经历了长期底部震荡，进入牛市后出现了 3 次慢牛加速形态，不过第一次加速形态最后跌破 20日均线，我们按照空中加油交易系统止损出局，由于我们的买点不高，到了止损位出局应该还是盈利状态。后面，再次出现慢牛加速形态之后，我们应该继续坚持买入，后面两次行情的上涨空间都非常可观。

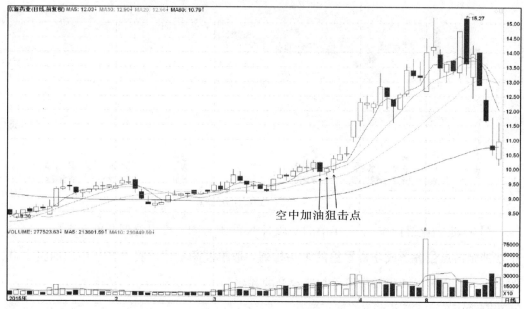

图 35　京新药业（002020）

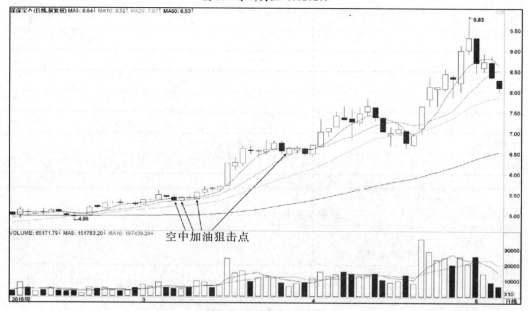

图 36　深深宝（000019）

图 35 是京新药业在 2015 年 1 月至 8 月的日 K 线图，可以看到该股在缓慢形成多头排列后的拉升前两天都出现了空中加油狙击点，我们买入后可以立即获取股价加速拉升带来的利润。

图 36 是深深宝在 2015 年 1 月至 4 月的日 K 线图，可以看到该股均线系统在 2 月中旬形成多头排列后，股价以小碎步缓慢上行，并在 3 月中旬接连几个交易日回到空中加油狙击点，我们买入后股价逐渐开始加速，2 个月左右涨幅达到 50％以上。

2. 最具爆发力的形态——牛回头

这种形态的股价一般都以大阳线突破前期震荡区间的重要高点创新高，并使均线系统形成多头排列，此后股价回调的极限位一般也都是 MA5 和 MA10 的平均价附近，在突破性阳线之后，往往会阶段性缩量，其后再度放量向上突破，股价往往出现大爆发。下面我们举例说明。

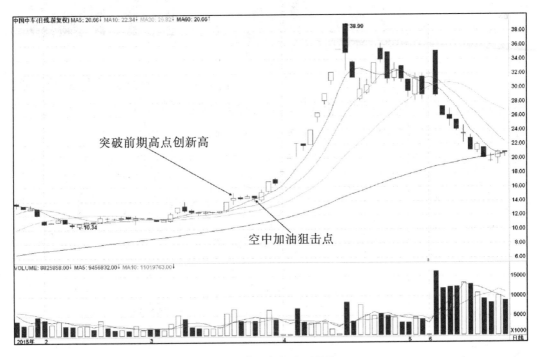

图 37 中国中车（601766）

图 37 是中国中车从 2014 年底至 2015 年上半年的日 K 线图，可以看到该股在高位盘整一段时间后，再次涨停，第二天创新高，此后强势横盘等待均线上行，只在拉升的当天盘中下探给出了空中加油狙击点，我们必须早有准备，才能及时捕捉到这匹大黑马。

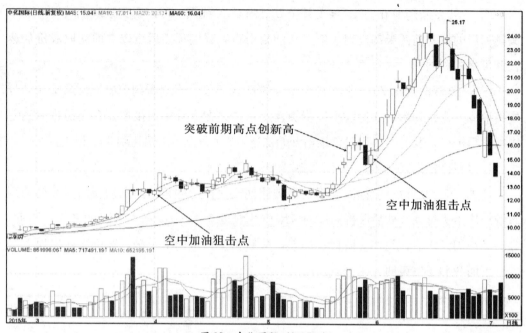

图 38　中化国际（600500）

　　图 38 是中化国际在 2015 年上半年的日 K 线走势图，可以看到该股震荡一段时间后，连续拉升创新高，然后以一根大阴线回到空中加油狙击点，第二天略微下探后就开始了加速拉升，若我们及时买入，获利将非常可观。

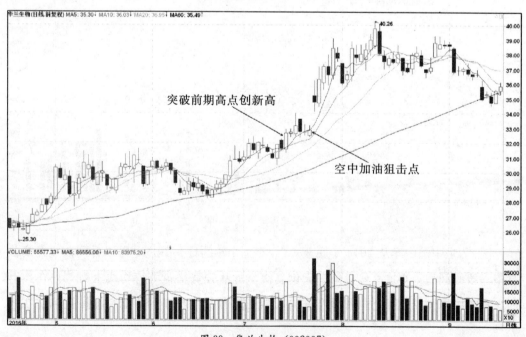

图 39　华兰生物（002007）

　　图 39 是华兰生物在 2016 年 4 月至 9 月的日 K 线走势图，可以看到该股在 7 月 14 日以一根中阳线突破前期高点并创新高，然后基本以横盘等待均线系统上行，在 7 月 21 日股价回到空中加油狙击点，投资者按照交易系统买入后，第二天该股就跳空向上，展开一轮大涨，不到一个月时间涨幅超过 20%。

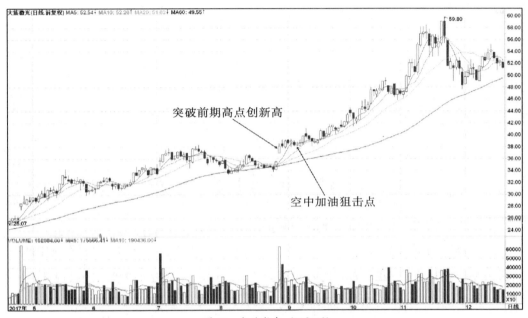

图 40　大族激光（002008）

　　图 40 是大族激光在 2016 年 4 月至 12 月的日 K 线走势图，可以看到该股在 8 月 29 日以一根大阳线突破前期高点并创新高，然后股价横盘等待均线系统上行，在 9 月 7 日股价回到空中加油狙击点，投资者按照交易系统买入后，该股持续上升，3 个月时间涨幅超过 50%。

　　3. 超强势的形态——上升旗形

　　这一形态经常出现于急速上升的行情中途，在急速的直线上升中，成交量逐渐增加，最后达到一个短期最高纪录，早先持有股票者，已因获利而卖出，上升趋势亦遇到大的阻力，股价开始小幅横盘整理，形成旗形。不过由于上升趋势未完，所以回落的速度不快，幅度也很小，成交量不断减少，反映出市场的沽售力量在回落中不断减弱。经过一段时间的整理，一般要等到回踩 MA10 附近，到了旗形末端股价突然上升，成交量亦大增，而且几乎形成一条直线。股价又像形成旗形时一样急速上升。需要注意的是，当股价运行到旗形末端的时候，MA10 有可能出现短暂下行，但是股价并未大幅下跌，仍以横盘为主，此时投资者不应卖出，应把止损位放宽到 MA20。投资者可在股价缩量下探 MA5 以下分批介入，后市的涨幅往往非常大。下面我们举例说明。

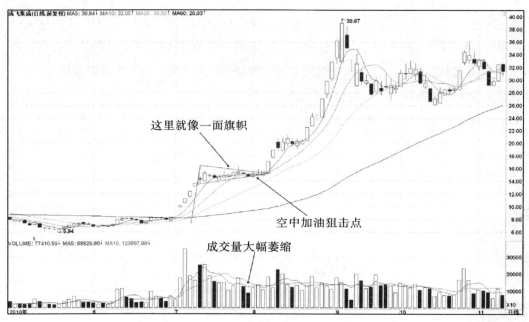

图41 成飞集成（002190）

图41显示了成飞集成在2010年6月至9月的一波大幅拉升行情，可以看到中间有一段典型的上升旗形，虽然整理的时间稍微长了一点，后面几天股价已经出现跌破10日均线的情况，但是大形态没有破坏，我们买入后，其后也将获得巨额回报。

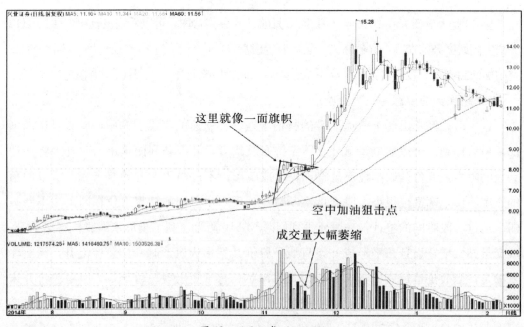

图42 兴业证券（601377）

　　图42显示了兴业证券在2014年11月至12月的一波大幅拉升行情，从中可以看到在大盘牛市来临时，券商股的疯狂上涨。其股价先是放巨量拉出2个涨停板，然后连续横盘几天，成交量大幅萎缩，其中6个交易日都回到了空中加油狙击点，此时买入，股价迅速翻倍。

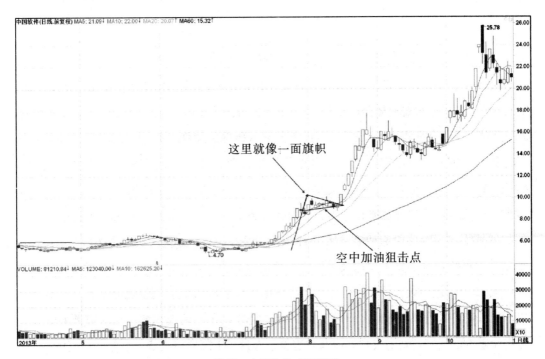

图43　中国软件（600536）

　　图43显示了中国软件在2013年7月至11月的大涨行情。经过一波连续拉升后，该股股价从6元附近涨至10元下方，并转为横盘震荡，做出一面旗帜的形态，到了旗形的末端股价回到空中加油狙击点，投资者此时买入，股价迅速涨停启动并连续拉升到16元上方，短线获利空间巨大。

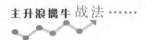

第二节

卖出时机与技巧

股票买到手之后，何时卖出是件很难的事情。股市中经常能听到一句话，"会买的是徒弟，会卖的才是师傅"，此话有一定的道理。的确，何时卖出股票要比何时买入股票更难，也更重要。很多股民都有体会，股票买到手就跌，股票卖出去就涨，卖了怕涨，没卖怕跌，那么怎样才拿得住卖得准呢？笔者认为，投资者要掌握好股票的卖点首先应该注意3点：

第一，准确给自己定位。根据自己的性格、财力和工作性质来做投资决策或投机游戏，换句话说，适合做长线还是做短线。笔者发现很多新股民用做长线的方法选买股票，而又以短线的方法操作股票，卖涨不卖跌，涨一小点就卖，跌过20%死也不卖。假如做长线，一般持股起码在1年以上甚至更长，平时就不应该过多关注它的涨跌。如果是做短线，股票到了短期技术压力位就应该止赢，而下跌破位则一定要止损。

第二，一定要关注大盘走势。通常情况下，个股与大盘联动性还是非常强的，大盘处于上升趋势，股票一般都会跟随上升。同时风险也在一天天积累，这时需要对大盘走势有个基本的研判，切勿过贪，应及时逃顶，大盘呈下降通道走势，最好空仓离场。

第三，学习掌握几种技术指标。笔者在上一章空中加油交易系统里所提出的4个卖出条件就是其中的精华，以笔者的经验来看，前面两条止损的卖出条件是必须认真观察、坚决执行的，没有商量的余地；第三种卖出条件当然是最幸福的一条——拉升过度，这一条据笔者观察多出现在创历史新高的大牛股中；那么，既没有创历史新高，也没有出现第三种卖出条件的股票，我们就只能用其他技术指标来寻找卖点了。笔者认为比较靠谱的是阻力位分析，包括前期高点极其半分位、黄金分割位，以及筹码密集峰位置等。炒股技术指标非常多，不是专业操盘手没必要也不可能学习掌握太多，笔者认为以上3点新股民很容易学习掌握。

资深者做到了以上3点后，还需掌握卖股票的小技巧，下面我们就举例说明16种情况可作为卖出股票的一些技巧：

（1）一只股票以小阴小阳交叉方式向上攀升，然而突然某一天放量拉出涨停，第二天股价冲高回落，同时放巨量，盘中可逢高出局。

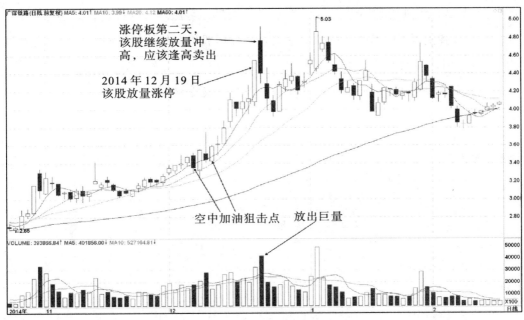

图44 广深铁路（601333）

图44显示了广深铁路在2014年11月至12月的一波拉升行情，均线系统在2014年11月下旬开始形成多头排列，进入12月上旬后，其股价屡次回到空中加油狙击点。此后股价开始交叉拉升，并突然在12月19日放量涨停，下一个交易日股价大幅高开后冲高回落，此时股价涨幅已经较大，可以考虑逢高出局。

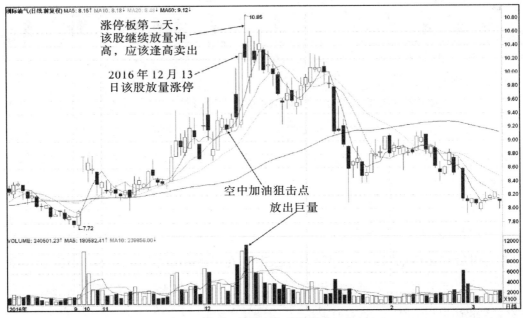

图45 洲际油气（600759）

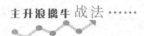

图 45 是洲际油气 2016 年 8 月至 2017 年 1 月的走势图，可以看到 2016 年 11 月开始的一轮反弹出现了明确的空中加油狙击点，其后股价突然放量涨停，下一个交易日继续放量冲高，应该果断卖出。

（2）个股股价从底部连续大幅上涨后，某一天成交量放出历史天量，收出高位大阴线，可逢高出局。

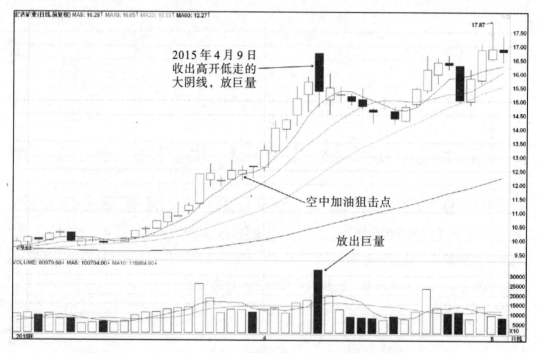

图 46　宏达矿业（600532）

图 46 显示了宏达矿业在 2015 年年初的一波大涨行情，均线系统在 2015 年 3 月中旬开始形成多头排列，此后股价连续收阳，只在 3 月月底回到空中加油狙击点。此后股价继续连收阳线，并突然在 4 月 9 日走出高开低走的大阴线，并放出阶段性巨量，应该及时出局。

（3）股价拉升过急而无成交量配合，可逢高出局。

图 47 显示了用友网络在 2018 年 2 月至 3 月的一波急涨行情，均线系统在 2018 年 1 月底开始形成多头排列，此后股价缓慢上行，在 2 月初回到空中加油狙击点。此后股价展开了一轮急速拉升，迅速大涨 60% 以上，但在高位收阴线的时候常常放量，显示资金有拉高出货迹象，应该及时退出。

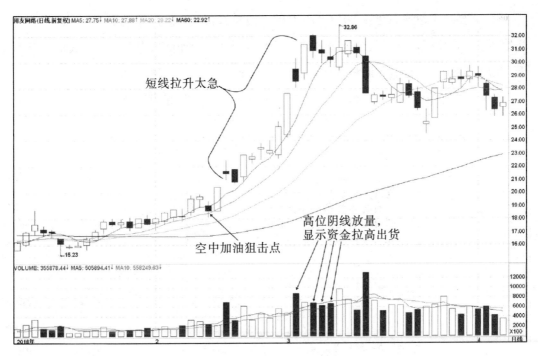

图 47　用友网络（600588）

（4）弱市中个股除权前股价大幅上涨，除权登记日股价低开低走。

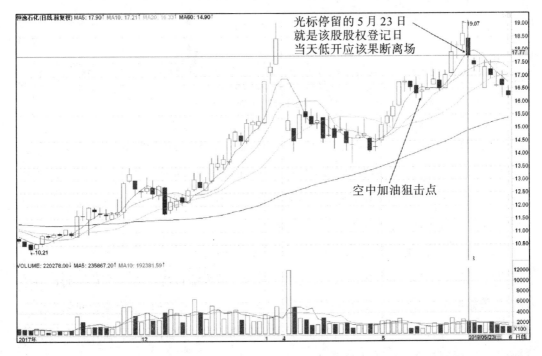

图 48　恒逸石化（000703）

图 48 显示了恒逸石化在 2018 年 5 月的一波拉升行情，均线系统在 2018 年 5 月初开始形成多头排列，此后股价横盘等到均线上行回到空中加油狙击点。随后股价连涨 4 天，到了 5 月 23 日也就是股权登记日，该股低开，此时应该及时卖出。

（5）个股股价大幅飙升后，媒体突然传来该公司重大利好消息。

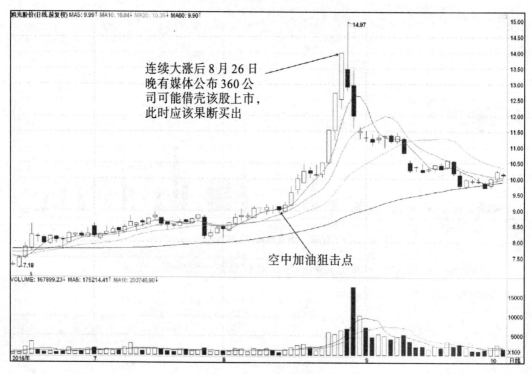

连续大涨后 8 月 26 日晚有媒体公布 360 公司可能借壳该股上市，此时应该果断买出

空中加油狙击点

图49　旭光股份（600353）

图 49 显示了旭光股份在 2016 年 8 月的一波飙涨行情，均线系统在 2016 年 8 月上旬开始形成多头排列，此后股价波动不大，短暂回到空中加油狙击点。随后股价展开拉升，最后在 8 月 26 日收出连续 3 个涨停板之后，有媒体爆出 360 公司可能借壳该股上市，第二天该股低开后仍有拉高，应该及时卖出。

（6）个股股价大幅走高之后，再放大量，股价却徘徊不前。

图 50 显示了京东方在 2017 年 9 月至 11 月的一波大涨行情，均线系统在 2017 年 9 月下旬开始形成多头排列，此后股价展开了一轮大涨，10 月 20 日股价缩量回到空中加油狙击点。随后股价一路拉升，并在 11 月 8 日创出新高，此后成交量继续放大但股价却始终无法再创新高，应该及时卖出。

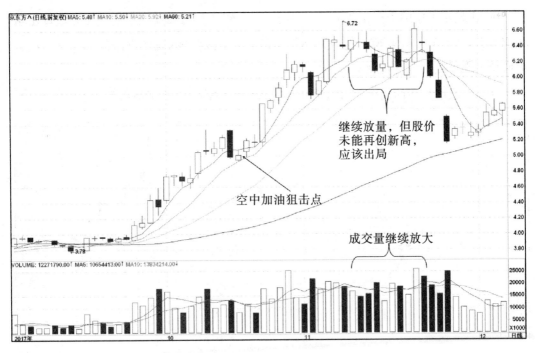

图 50 京东方 (000725)

（7）利好消息公布伴随着 K 线却是大阴。

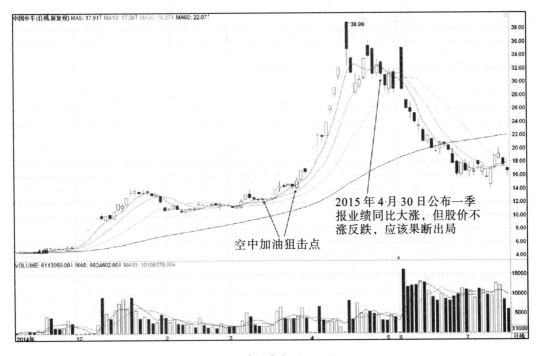

图 51 中国中车 (601766)

图 51 显示了中国中车在 2014 年 9 月至 2015 年 7 月的爆发性行情，当时该股还叫中国南车，2015 年 4 月 30 日这一天该股公布了一季报，显示业绩同比大增 30％以上，但股价不涨反跌，应该及时卖出。

（8）个股股价在回档至 MA10 时仍不见缩量止跌迹象，可考虑出手。

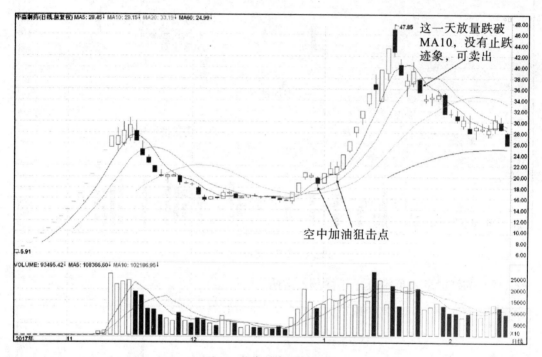

图 52　华森制药（002907）

图 52 显示了华森制药从 2017 年 10 月上市到 2018 年 2 月底的走势，该股产生 3 条均线后于 2017 年 12 月底开始形成多头排列，2017 年 12 月 29 日和 2018 年 1 月 4 日两次回到空中加油狙击点，此后股价连续拉升 5 个涨停板，休息一天后再拉 2 个涨停板，高位其实已经发出了卖出信号。若高位没有及时卖出的，到了 2018 年 1 月 25 日股价放量跌破 MA10，此时就是最后的出局机会，应该及时卖出。

（9）股价大幅上涨后，K 线出现长上影线，同时伴随放巨量，应当卖出。

图 53 显示了栖霞建设在 2016 年年底的一波拉升行情，均线系统在 2016 年 11 月初开始形成多头排列，此后股价温和上涨后回到空中加油狙击点。随后股价连续拉升，到了 11 月 29 日出现超长上影线，前后两个交易日也都留下了较长的上影线，此时应该及时卖出。

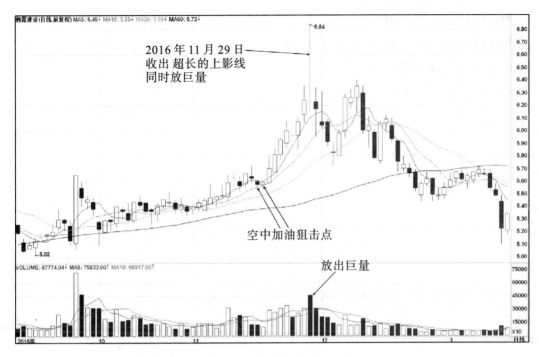

2016 年 11 月 29 日
收出 超长的上影线
同时放巨量

空中加油狙击点

放出巨量

图 53 栖霞建设 (600533)

（10）个股公布业绩大幅缩水。

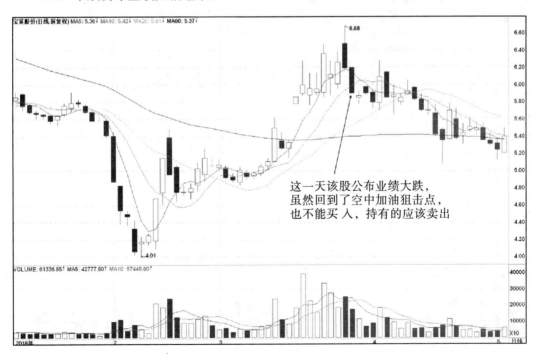

这一天该股公布业绩大跌，
虽然回到了空中加油狙击点，
也不能买入，持有的应该卖出

图 54 宝莫股份 (002476)

图 54 显示了宝莫股份在 2018 年年初的一波拉升行情，均线系统在 2018 年 3 月下旬开始形成多头排列，但 3 月 28 日该股公布了年报预告，公司只能通过甩卖资产保持不亏，此时应该及时卖出。

（11）同类板块领涨股出现顶部。

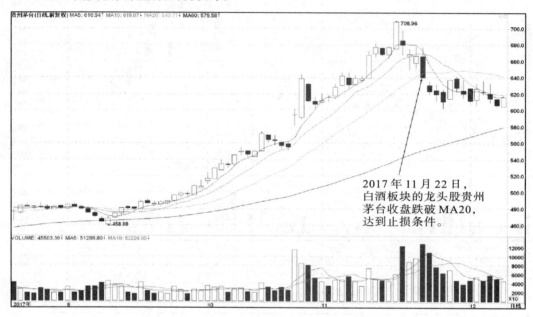

2017 年 11 月 22 日，白酒板块的龙头股贵州茅台收盘跌破 MA20，达到止损条件。

图 55　贵州茅台（600519）

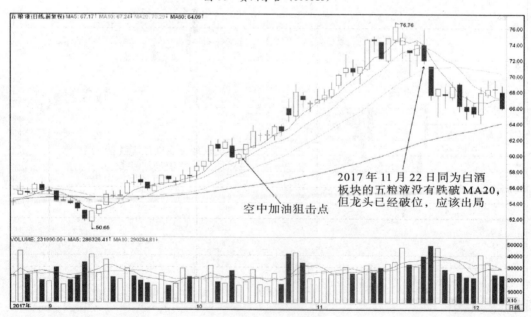

空中加油狙击点

2017 年 11 月 22 日同为白酒板块的五粮液没有跌破 MA20，但龙头已经破位，应该出局

图 56　五粮液（000858）

图 55 和图 56 是白酒板块两只典型个股贵州茅台和五粮液在 2017 年年底的走势图，两只个股这一阶段都走出了一轮大涨行情，在 2017 年 11 月 22 日这一天贵州茅台股价收盘跌破了 MA20，彻底破位。如果投资者此时买入的是五粮液，在当天并未跌破 MA20，也没有出现其他卖出信号，但龙头领涨股已经破位，板块整体调整的可能性非常大，此时应该及时卖出，后面的连续调整就可以规避。

（12）上市公司惹上官司，受到司法起诉。

上市公司一旦突然受到司法起诉，应该立即卖出股票以规避重大风险。过去受到司法起诉的上市公司，在案件爆发之时，往往股价早已破位，达到了我们的卖出条件，有些甚至已经形成空头排列，我们严格按照交易系统操作就可以规避大部分此类风险，不过如果走势尚好的个股遇到此类情况仍应果断止损。

（13）上市公司的最高管理者出现问题（被捕、被撤、辞职）。

2015 年 10 月 28 日公司
董事长张维仰失联，复牌
后该股低开高走，应该出局。

图 57　东江环保（002672）

图 57 显示了东江环保在 2015 年年底的走势图，10 月 28 日晚间，公司公告称董事长张维仰遭调查失联，受此影响第三季度报告未能预期发布。该股 11 月 16 日复牌后股价大幅低开但尾盘翻红小涨，投资者仍然应当卖出规避风险，此后该股在高位略作震荡后持续下跌。

（14）处于上升通道中的个股股价突然突破上轨，应适时分批出手。

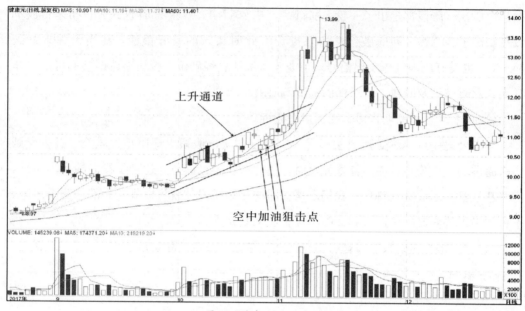

图 58 健康元（600380）

图 58 显示了健康元在 2017 年 8 月至 12 月的走势图，该股在 10 月初到 11 月初形成了一个标准的上升通道，从 11 月 6 日开始该股强势爆发，突破上升通道上轨，并连续拉出大阳线，此时应该分批卖出。此后股价很快见顶回落。

（15）弱市中，短线品种股，股价上一个台阶后应出手。

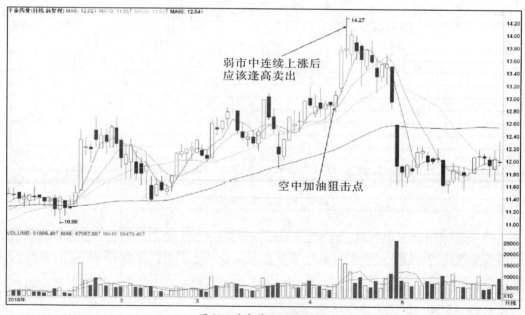

图 59 千金药业（600479）

图 59 显示了千金药业在 2018 年年初的走势图，图中可以看到该股均线系统从 2018 年 3 月底开始形成多头排列，进入 4 月后股价多次回到空中加油狙击点，4 月 12 日股价大涨创新高，第二天盘中继续冲高，考虑到此时处于弱势之中，应该及时逢高卖出。

（16）中线品种股，股价如遇系统性风险应出手，以回避短线风险。

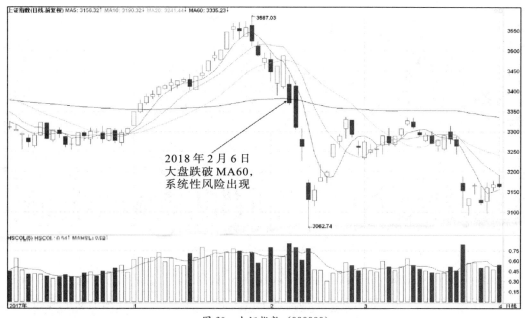

图 60　上证指数（999999）

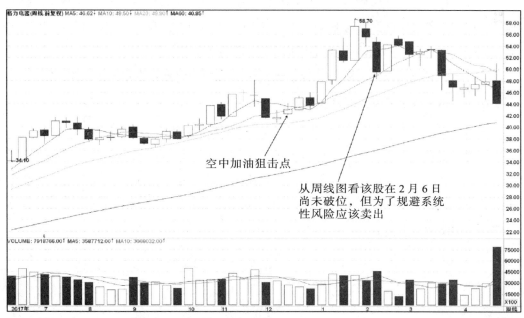

图 61　格力电器（000651）

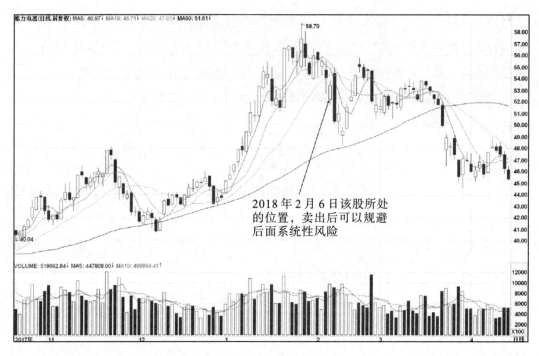

2018年2月6日该股所处的位置，卖出后可以规避后面系统性风险

图62　格力电器（000651）

图61显示了中线个股格力电器从2017年6月至2018年4月的周线图，股价在2017年12月15日这一周回到空中加油狙击点，到2018年2月周线图上面上升趋势仍保持良好。从图60可以看到大盘在2018年2月6日收盘跌破了MA60，出现了系统性风险，中线个股也应该卖出规避。从图62可以看到格力电器在2018年2月6日所处位置在53元上方，此时卖出可以规避后面长时间的下跌。

以上我们对卖股原则与惯例进行了大致归纳，然而实践中所遇到的情况却是千差万别的，这得靠投资者自己对经验不断地总结。

总之，对于股价的卖点我们要把风险防控永远放在第一位，经历了一波拉升之后，股价出现高位震荡都要小心，高位长上影线、高位放巨量、高位大阴线都是必须注意的，此外大涨之后再出利好消息也是主力常用的出货手法。对于空中加油交易系统给出的几条卖出条件，投资者可以慢慢领悟，并结合大盘和相应板块的走势实践，这样才能作出准确的卖点判断。

第三节 ◁ ●●

果断止损方能长久生存

止损，对于股票投资者而言，这个字眼听起来令人很不舒服，当然也不太受欢迎。而如果你也是非常厌恶这个名词的话，那么你的投资行为就已经埋下了重大隐患，就像一颗定时炸弹，迟早要毁灭你的投资生涯。其实，止损对于一个理性的投资者而言，是一系列操盘程序的重要一环，没有任何感情色彩，只是预定计划的一部分，按照设计好的程序去执行。人性天生的弱点时时不自觉地影响我们的操作，1次大亏足以输掉前面99次的利润，所以严格遵守止损纪律便成为确保投资者在风险市场中生存的唯一法则。

投资界有一个有用而简单的交易法则叫"鳄鱼法则"。所有成功的证券投资人在进入市场之前，都在反复加深对这一原则的理解。这源自鳄鱼的吞噬方式：猎物愈试图挣扎，鳄鱼的收获愈多。假定一只鳄鱼咬住你的脚，它咬着你的脚并等待你挣扎。如果你用手臂试图挣脱你的脚，则它的嘴巴便同时咬你的脚与手臂。你愈挣扎，就陷得越深。所以，万一鳄鱼咬住你的脚，务必记住，你唯一生存的机会便是牺牲一只脚。若以市场的语言表达，这项原则就是当你知道股价的走势已经偏离了上升趋势之后，立即了结出场。不可再找借口、不可有期待或采取其他任何动作，赶紧离场！在证券市场上生存，有时需要耐心，有时需要信心，但耐心、信心不代表侥幸，不懂得止损的投资者，不就是输在侥幸心理上吗？

止损是讲究科学的，懂得科学止损才是股市获胜的根本保证。科学止损的目的可以归纳为回避风险、保住本金、求得生存。学习止损并善于止损才是在股市中生存发展的基本前提。

笔者在空中加油交易系统的卖出条件设定之中是非常重视止损的，前面两条都是止损卖出条件，即股价跌破 MA20——止损，MA10 向下拐头——止损。这两条都是笔者经过长期深入观察后，发现很可能导致趋势结束的标志性事件。即使我们止损错了，事后股价又重新涨起来，也没有关系；而且按照概率来说，我们操作的次数足够多了以后，肯定会在某个时刻遇到错误的止损，但是这并不可惜，因为错误的止损就算造成了一定损失，也在我们的预计当中，此时需要我们坚定信心，保持清醒的头脑，切不可一时冲动再去胡乱操作，否则很可能坠入赌徒心态，错上加错，从而彻底打乱我们的交易计划。这时就是真正考验一个投资者对自己交易系统是否虔诚信仰的关键时刻，一个成功的投资者应该认识到交易系统并没有错，因为我们交易的是一个概率，不可能每一次都是成功的，偶尔遇到了失败的交易我们也应当坦然接受。

我们严格按照交易系统的要求操作 100 次，最后只要有 80 次成功盈利，而且盈利的金额远大于亏损的金额，那么这个交易系统就是完全成功、优秀的交易系统。同时，我们也应接受少数的失败操作，把它视为我们交易操作中的正常现象，是不可或缺的组成部分，不能让其影响我们继续严格坚持交易系统的信心。当然，如果读者认为空中加油交易系统的卖出条件有问题，或者自己还有更好的止损条件，那么不妨自己尝试设定更好的止损条件，但一经设定，也要坚决执行。

准确判断形势，密切跟踪牛股，精选买点，设好止损，严守纪律，适时了结，周而复始，坚持做下去，那么投资者的获利能力将逐日提高，市场中就会增加一个股市赢家。股市当中，业余炒手破产的原因就是"赚就跑，赔就守"，而专业选手不断强大的法宝则是"截断亏损，让盈利狂奔"。当然，止损绝不是目的，但对于职业炒手而言，止损理念的彻悟和止损原则的恪守却是他们通向成功之路的基本保障。

第四节 ▶●●

仓位控制很重要

在 A 股市场投资者中常见的现象——"总满仓，不止损，熊不忍，穷折腾"，是投资做股票的 4 大忌，这里我们专门说说仓位控制的问题。

大家都知道，做股票有风险。而且不同市场情况下，风险都不同。那么既然不同情况下，风险不同，则我们买股票的策略自然也要跟着调整。在风险最大的时候，一定要清仓或调低仓位；在风险小或者基本没有风险时，则应该加重仓位甚至满仓。仓位随市场风险大小而调整，风险越大，仓位越低，反之越高，这就是我们控制仓位的原则。

如果目前市场比较危险，随时可能下跌，那么就不应该满仓，因为万一市场跌了，你可能亏，就很被动。通常，在市场比较危险的时候，就应该半仓或者更低的仓位。这样，万一市场大跌，你发现你持有的股票跌到了很低的价位，你可以买进来，等它涨的时候，你把你原来的卖掉，就可以赚一个差价。一般来说，平时仓位都应该保持在半仓状态，就是说，留有后备军，以防不测。只有在市场非常好的时候，可以短时间的满仓。

试想一个人他全仓买入股票亏损 10％离场，如果连续出现两次错误（这是很常见的行为），它的亏损将会高达 20％，他已经受伤了，因为我们都是凡人，面对大的亏损额绝大多数人都难于下手平仓，最后的结果就是越陷越深。那么怎么做才是有效而又可行的方法呢？最有效的，也是唯一可以让自己在心态上占据一个有利位置的方法就是严密的资金管理。如果你一次操作的金额只是自己所有金额的 20％，那连续两次亏损你也只是输掉 5 个点，心态的波动很小，你可以很轻松地平掉股票让自己心灵释放再次取得主动权。笔者试过连续输过 6 次但亏损也就是 12、13 个点而已，但主动权依然在笔者手里。因为平掉股票，心态平静。在股市里面心态平静很重要。因为我们的正确观察和思考都来自心智这一个大电脑，如果心态不平静那其实已经输了一大半了。因为你已经不能正确思考，所以笔者说止损是释放自己的心灵并取得一个有利的操作位置，止损的前提是你不能赌徒式的操作，如果这个前提不存在，那后面也就没任何意义了。

如何判断仓位能根据市场的变化来控制自己的仓位，是炒股非常重要的一个能力，如果不会控制仓位，就像打仗没有后备部队一样，会很被动。如何控制仓位科学的建仓、出场行为在很大程度上可以避免风险，使资金投入的风险系数最小化，虽然在理论上来讲其负面的因素也可能带来利润的适度降低，但股票市场是高风险投资市场，确定了资金投入必须考虑安全性问题，保障原始投入资金的安全性才是投资的根本，在原始资金安全的情况下获得必然的投资利润，才是科学、稳健的投资策略。

建仓行为一般分为：简单投资模式、复合投资模式、组合资金投资模式。

一、简单投资模式

简单投入模式一般来讲是二二配置，就是资金的投入始终是半仓操作，对于任何行情下的投入都保持必要的、最大限度的警惕，始终坚持半仓行为。对于股票市场的风险投资首先要力争做到立于不败之地，始终坚持资金使用的积极主动的权利，在投资一旦出现亏损的情况下，如果需要补仓行为，则所保留资金的投资行为也是二二配置，而不是一次性补仓。二二配置是简单投入法的基础模式，简单但具有一定的安全性和可靠性。但二分制的缺点在于投资行为一定程度上缺少积极性。

二、复合投资模式

复合投资模式的投资方式是比较复杂的，严格讲是有多种层次划分的，但主要有三分制和六分制。

1. 三分制主要将资金划分为三等份，建仓的行为始终是分三次完成，逐次介入，对于大资金来讲建仓的行为是所判断的某个区域，因此建仓的行为是一个具有一定周期性的行为。三分制的建仓行为一般也保留三分之一的风险资金。相对二分制来讲，三分制的建仓行为更积极一些，在三分制已投入的三分之二的资金建仓完毕并获得一定利润的情况下，所保留的剩余的三分之一的资金可以有比较积极的投资态度。三分制的投资模式并不复杂，较二分制来说更加科学一些，在投资态度上比二分制更具积极性，但这种积极的建仓行为必须是建立在投资的主体资金获得一定利润的前提下。三分制的缺点在于风险控制相对二分制来讲要低于其风险控制能力。

2．六分制是相对结合二分制和三分制的基本特点，积极发挥两种模式的优点而形成的。六分制的建仓行为具体的资金划分如下：六分制将整体投入资金划分为六等份，六等份的资金分三个阶梯：

A：第一阶梯为 1 个单位，即占总资金的 1/6；

B：第二阶梯占 2 个单位，即占总资金的 1/3；

C：第三阶梯为 3 个单位，即占总资金的 1/2。

六分制的建仓行为相对比较灵活，是 A、B、C 三个阶梯的资金的有效组合，可以根据行情的不同按照（A、B、C）（A、C、B）（B、A、C）（B、C、A）（C、A、B）（C、B、A）六种组合使用资金，但在使用过程中不论哪一种组合，最后的一组都是风险资金，同时不论在哪个阶梯上，资金的介入必须是以每个单位逐次递进。在使用 A、B、C 三种阶梯的资金的同时也可以在使用 B 阶的资金用二分制，使用 C 阶的资金使用三分制，这样就更全面。六分制是一个相对灵活机动、安全可靠的资金投入模式，在投资行为上结合了上面两种方法的优点，但缺点是在使用过程中的程序有些复杂。

三、组合资金投资模式

组合资金投资模式与前面所论述的角度不完全一样，严格讲不是以资金量来划分，而是以投资的周期行为来划分资金，主要分为长、中、短周期三种投资模式。一般现在来讲都是将总体资金划分为四等份，即长、中、短、风险控制资金四部分。

建仓行为不是一种单一的模式，每种模式都有自己的优缺点，但相对比较而言，六分法的划分方法是比较科学的，但越科学的方法可能就越复杂。因此在复杂的情况下，我们用六分法来划分资金投资股票，同时用二分法、三分法的控制原理来做资金投入分析就比较简单化，从而化繁为简。

仓位出场面临着几种情况：

1．在限定（非限定）的时间里完成所预计的利润；

2．在限定的时间里没有完成预计的利润；

3．在限定的时间里产生低于平仓线要求内的亏损；

4．在限定（非限定）的时间内超额完成计划的利润额度；

5．限定时间内，没有完成利润额度，但无亏损情况等。

这些因素对于仓位来说，几乎都是要遇到的情况，因此交易中出局行为是比较复杂的。

下面将各种情况下的股票出场行为加以阐述：

A.（1）在限定的时间里完成预计利润则坚决清仓。

（2）在非限定的时间里提前完成利润则出场2/3，或出场的利润总体资金为投入的本金。

B. 在限定的时间里没有完成所预计的利润则坚决清仓。特殊情况下如果行情在决策层的判定下，认为有必要继续持有，则先出场1/2，以防止判断失误可能带来的不利和被动情况，其余的1/2仓位必须在规定的范围内出局。

C. 在限定的时间里产生亏损，但亏损情况没有达到预计的平仓线要求，则出场2/3，以防止整体资金亏损达到平仓要求，同时用所出场的资金来适当回补低价仓位。

D.（1）在限定时间内超额完成预计利润则全部出场。

（2）在非限定时间内提前完成预计利润则出掉股票的总体资金为本金加预计利润的总和，其他的可以继续持有。

E. 在预计的时间内没有利润也没有形成亏损则一次性出局。以上为交易过程的总体原则，但具体的出场在盘口上是比较复杂的，往往不是一次性的出局行为，一般来讲，决定出局后，大都采用六分制的买入法的（C、B、A）组合来卖出股票。这样将仓位从资金最多的层次逐步抛出，是比较科学和适用的方法。

做股票不是做数学，计划本身是为了控制自己的盲目冲动，控制操作节奏来制定的，所以要辩证地去看。没有计划是不行的，但不知变通的呆板计划也同样是不行的。如何活学活用，就看投资者自己的实战修行了。

四、结合基本面分析和技术分析确定仓位

我们结合基本面分析和技术分析的优缺点，在仓位控制方面，可以将两者的优势结合起来。基本面派和技术派的理论依据和逻辑思想截然不同。基本面的分析是确定性事件，如果这两个工具同时能在某一个时刻支持一个观点，那么行情的判断就算没有百分之百的把握，但把握的程度也能在80%左右。这个时候，入仓的仓量可以提高到50%，甚至重仓，当然具体仓位要根据投资者的具体情况来选择，至少可以肯定的是仓位应该提高一些。现实中从市场中暴富的投资者，通过媒体报道的例子来看，他们往往有一个共性，不怎么了解技术分析，但他们对身边某件小事或者国家政策等基本面有着比较高的敏感性，抓住之后就重仓进去，然后拿着不放，一波好行情足以让

他们的资金在较短的时间内翻几倍，甚至十多倍，从几万做到几十万，甚至百万。当然这种投资策略的风险是极高的，我们在做投资的时候，应该借鉴一下，对基本面和技术分析同时支撑的行情，我们虽然不选择重仓，但也不能轻仓，仓位应该有所提高。

基本面分析和技术分析的结论会经常不一致，因为基本面的变化和价格趋势的变化存在时间差，这个时候，我们可以等待观望，如果进仓的话，应该下调仓位，轻仓而入，等获得盈利一段时间后，再加仓，不过仓位仍然不能高，防止行情突变。

基本面分析和技术分析的优缺点都是明显的，基本面分析投入较大，基本面分析本身也较为复杂，分析成果更依赖一个研发团队的力量。由于基本面具有强有力的因果关系，所以分析结论具有确定性、把握性较高的特点；技术分析较为简单，投入少，其工作主要是在图表上画一些线、数浪，看一些指标，其分析的结论是概率事件，准确度和分析人士的从业时间长短和自身条件有较大关系，分析成果更依赖一两个人的力量，而市场中优秀的技术分析师是非常少见的。对这两者的研究，要结合自身的资金规模、研发实力和自身优势来平衡。一般来说，资金规模越大，越应该加大对基本面的投入，加强对基本面的研究，更偏重对基本面的研发，让投资变得更加科学。当然技术分析是不可缺少的，任何的投资机构或个人都会重视技术分析的研发，因为对技术分析的投入本身就较少，任何企业或个人都能承担。总之，无论对基本面的研究深度如何，总应该对基本面有所了解和认识，基本面分析和技术分析应该完美地结合，投资成功的概率会大大提高。

第四章
判断牛熊市的不同战法

2007

2010

2013

孙子说："故上兵伐谋，其次伐交，其次伐兵，其下攻城。"在金融市场的大格局中，这一点显得尤为重要。A股市场也是这盘大棋中的局部战场。就算炒股，买卖股票的技术也仅仅属于用于肉搏的单兵战术，在熟练掌握这种单兵战术的基础上，还要具备正确的战术思想，采取正确的操盘策略，否则也只能成为匹夫之勇，成不了大事。对我们投资者来说，首先判断清楚市场大势，大盘到底是牛市还是熊市，对我们的投资活动来说是头等大事。

什么是牛市，什么是熊市，这是每一个股市投资者首先要问的问题。在中国这个牛熊轮回、大起大落的市场，分辨清牛熊市显得尤为重要。股市操作要看大势，趋势的力量是无穷的，要坚持"趋势为王"，"顺势者昌，逆势者亡"，不想灭亡就要分清牛熊市，坚持牛市参与、熊市休息的原则，或者说至少是牛市要长多短空，熊市要长空短多。正确操作的前提都是要明辨牛熊。牛熊不辨，就是黑白颠倒，是非混淆，操作会亏损，后果很严重。

在笔者看来，花开花落有其自然规律，股市牛熊有轮回，也有其内在的机理，包括中国这样的新兴加转轨的投机市场也不例外。无论我们多么喜欢牛市，多么讨厌熊市，但还是该来的挡不住，该走的拉不回，不以人的意志为转移。没有牛市就无所谓熊市，这是对立的统一，是客观存在。投资者能做的是尽可能地认识和把握一些规律性的东西，顺应市场的大趋势。下面，笔者用趋势分析的基本方法，参考A股市场历史上的几次大型的牛熊市，说明如何判断大盘的牛熊市，作为我们投资分析的第一步。

大盘牛熊市现象描述

A股已经经历过了几轮牛市和熊市，对投资者来说认清牛市和熊市很重要，因为牛市和熊市采取的策略是不同的，如果错误判断牛熊市，影响非常大，轻则将牛市当成熊市使得收益大幅减少，重则将熊市当成牛市使得资金大幅套牢。

一、进入牛熊市不同现象

1. 进入牛市的 14 种现象

关于如何判断牛市，前人已有总结，我们简单梳理了一下，判断市场是否进入牛市主要有以下几点：

（1）前期经过长期大幅下跌整体估值已经严重低估，并处于历史上多次底部估值附近。

（2）指数天量阴线不跌，当出现天量阴线后却不再下跌，并在不久后突破天量阴线出现新高。

（3）技术走势 K 线上整体趋势处于上升通道。

（4）成交量持续稳步放大，天量之后还有天量。

（5）市场忽视利空消息，放大利好消息，但利空出现低开后很快拉起并出现大幅上涨。

（6）开户人数不断增加，大量新股民开始入市。

（7）向上跳空缺口出现后大多不回补，而是形成支撑。熊市缺口则大多会回补。

（8）股吧、论坛和讨论群开始一步步热闹，大妈们不再跳广场舞而是谈股市。

（9）牛市里久盘必涨，很多人把熊市里久盘必跌的规律用在牛市，一定要注意区分。

（10）牛市里当公布公司业绩下滑后，股价往往只是短暂下跌一下，然后开始不畏利空上涨。

（11）新股发行大涨，疯狂炒作，很难出现破发现象。

（12）热点板块持续性很强，往往炒过一段时间后还能再次炒作。

（13）暴跌之后很快以更快的速度暴涨回来。

（14）当周围很多从来不关心股票的人开始炒股了，新开户流入的增量资金不足，市场成交量不能有效放大，人人都在为股市欢呼雀跃时就该注意了，也许到头了。

2．进入熊市的 9 种现象

（1）市场普遍不景气，人气低迷，股民们垂头丧气，乃空头市场的常态。

（2）有利好消息传出，股价不涨反跌。

（3）市场一旦出现不利消息，行情立即兵败如山倒，个股大量跌停。

（4）法人机构、大户经常减持，成交量不断萎缩，股价跌跌不休。

（5）大盘上涨的时候，大部分个股保持不温不火的状态；一旦大盘下跌，个股大面积下挫。

（6）盘中经常有个股闪崩，从小涨小跌的状态迅速打到跌停板上。

（7）投资者纷纷弃权，即将除息除权的股票亦毫无表现。

（8）个股出现连续跌停，各路机构纷纷抛售股票，股价快速下跌。

（9）周边市场上涨不跟涨，周边市场下跌则随之大跌。

《孙子兵法》的核心原则就是谋定而后动，先做好谋划，有了充分的把握再出手，务必做到一击必中。我们在股市上投资，首先要关心的就是大盘，大盘指数的涨跌对大多数个股都有重大影响。尤其是在大盘进入牛市之后，股价不断大幅上扬，以板块轮涨的方式将指数节节推高，投资机会层出不穷，投资收益丰厚，可说是遍地黄金。因此，投资者无不翘首企盼牛市的到来。而大盘一旦进入熊市，则完全相反，个股持续向下，指数一跌再跌，投资者苦不堪言。除此之外，介于牛熊市之间还有一种震荡盘整市道，个股涨跌不一，分化严重，大盘阴晴不定，投资者难以获利，对操作要求极高。那么，我们只要充分把握住牛市的获利良机，及时规避熊市的大跌，就可以稳健获利，所以判断大盘处于何种市况，就成为我们投资开始之前的头等大事。

二、大盘牛熊转换的判断方法

除了以上种种现象之外，笔者还想引入几个技术指标，以便更加准确地进行定量判断。下面就以上证指数为例，来看看历史上大盘的牛熊转换。

1．大盘月 K 线图上的均线指标

前面我们说过，均线是 K 线图上标示趋势的不二之选，从大盘牛熊周期来看，月线图上的均线系统能够较好指示牛市的形成，我们打开大盘的月线图，设置 3 条均线：

5 月均线、10 月均线、20 月均线。

这里，我们去掉了空中加油交易系统中的第 4 根均线，即 60 月均线，原因是 60 个月太长，长到超过了我国历史上的大部分牛市，所以等到 60 月均线走好，可能牛市都已经结束了。因此我们只保留 3 条均线，可以更及时看出大盘的牛熊。

判断方法：当大盘指数的月 K 线图上的 3 条均线形成多头排列，均线的方向也向上发散，大盘就进入了牛市，可以大胆操作个股；

若指数收盘价跌破 20 月均线，或者任意均线死叉导致多头排列被破坏后，即表明牛市结束，个股操作须谨慎，最好空仓观望。

请看下图：

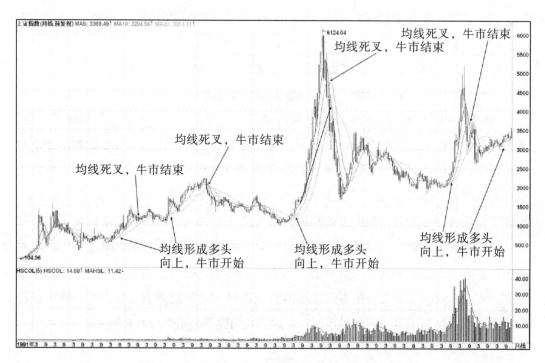

图 63　上证指数月线图

图 63 标示出了上证指数月线图上 5 次形成多头排列进入牛市的状况，读者可自行在股票软件上观察体会。从上图我们看到，1993 年之前由于时间太短，不到 20 个月，如果只看当时仅有的 5 月均线、10 月均线，仍可判断为牛市。后面 3 条均线全部出现之后有 4 次明显的牛市，知道了大盘进入牛市，我们就可以大胆操作了。2017 年 9 月以后，均线全部拐头向上，也形成多头排列，可以认为牛市再度开始了。

均线系统要形成标准的多头排列需要相当长一段时间的酝酿，这就要求我们放掉牛市初期的一段上涨。此外，大盘从高位开始下跌的初期，均线系统也还保持多头排列没有破坏，但大盘和个股已经开始下跌，这就是均线系统滞后所带来的缺陷，我们只能通过更多指标来进一步判断修正。

2. 大盘45日K线图上的MACD指标

我们平时最常用的指标就是MACD（指数平滑移动平均线），但周期太短又会造成指标频繁金叉死叉，以笔者的经验，在大盘45日K线图上，这一指标具有最好的效果。

判断方法：

MACD双线金叉，大盘进入牛市，可以大胆操作；

牛市运行几个月后，MACD高位线拐头向下，谨慎操作个股；

若高位线再次反复向上，牛市延续，可以大胆操作个股；

若高位线直线向下，形成双线死叉，进入熊市，最好空仓。

请看下图：

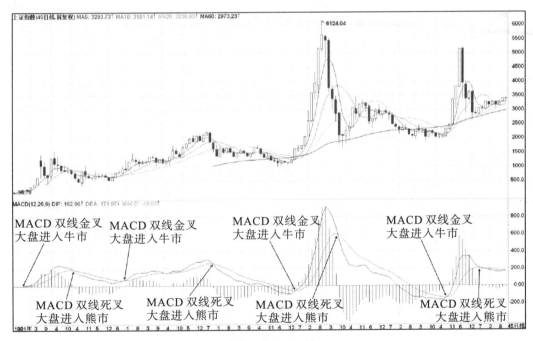

图64 上证指数

从图64我们可以看到，A股历史上的4轮大牛市，这个指标都非常完美地在启动不久就提示了出来，这对我们抓住大盘牛市的历史性机遇是非常有利的。但是对于熊市的提示，这个指标则往往晚了很多，这也是A股市场以散户为主，一旦大盘炒高到了高位，资金集中出货所导致的多杀多所造成的。所以我们用这个指标主要是看金叉形成牛市的时机提示。

3. 大盘周 K 线图上的轨道线（ENE）指标

轨道线 ENE 指标是一个很好的趋势性指标，这个指标由 3 条轨道线组成，股价在中轨线以上初步走强，股价突破上轨线进入牛市。大盘周 K 线图上，这一指标具有良好的效果。

判断方法：

当指数收盘价站上中轨线，大盘开始走强，可以谨慎操作个股；

当指数收盘价连续 3 周站上轨道线上轨线，大盘进入牛市，可以大胆操作个股；

指数从上方跌破上轨线，牛市结束，在中轨线以上可以谨慎操作个股；

当指数收盘价跌破中轨线，大盘进入弱势，最好空仓。

下面我们把大盘的周 K 线图分几年截取一次，详细查看历史上的每一轮牛熊转换，如下图所示：

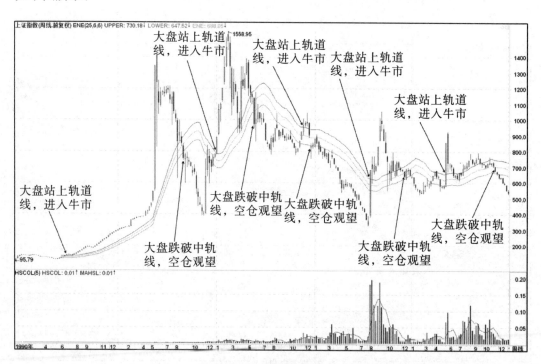

图65　上证指数周线图

图 65 是大盘开市时前 5 年的周线图，可以看到从 1991 年中旬开始的第一波大牛市，指数首先在站上轨道线之后小幅震荡了 3 周，然后展开了一轮超级行情，从 135 点持续近一年暴涨到 1400 点以上，上涨 10 倍。此后几年指数宽幅震荡，但我们只要在指数跌破中轨线之后空仓观望，就可以规避大部分下跌。

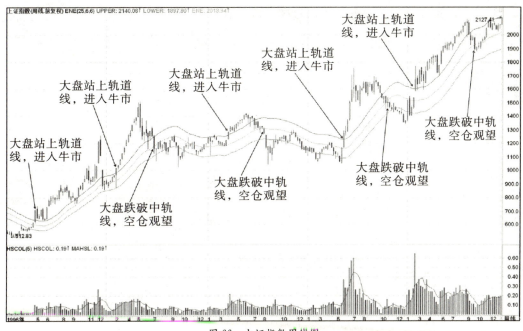

图 66 上证指数周线图

图 66 是 1996—2000 年大盘周线图，可以看到这几年大盘总体趋势向上，我们只要在指数站上中轨线以上开始谨慎操作，突破上轨线之上开始大胆操作，就可以把握住最大的机会。

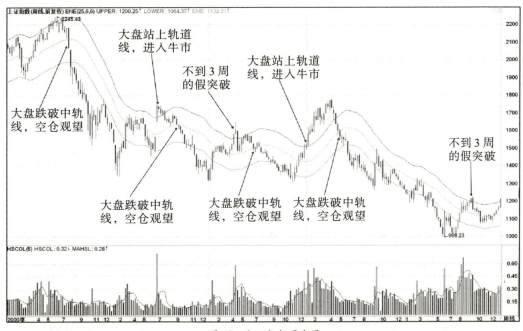

图 67 上证指数周线图

图 67 是 2001—2005 年的大盘周线图，可以看到大盘这几年总体趋势向下，我们在指数跌破中轨线之后空仓观望，就可以规避绝大部分下跌风险。

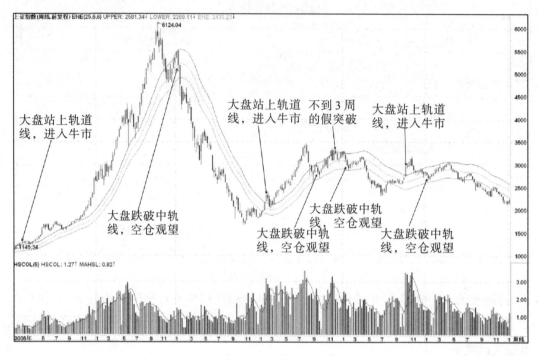

图 68　上证指数周线图

图 68 是 2006—2011 年的大盘周线图，2006 年至 2007 年的大牛市，指数也是在 2006 年初突破上轨线之后开始的，中间指数几次触碰上轨线都是有惊无险的返身向上，我们按此指标大胆操作，就可以赚到这一波大牛市的丰厚利润。2008 年初，指数跌破中轨线，我们坚决空仓观望，完全规避了 2008 年的大跌。到了 2009 年初，指数再次突破上轨线，4 万亿带来的小牛市开始了，轨道线同样明确提示了该次牛市。后面的调整依据中轨线也可以及时规避。

图 69 是最近几年的大盘周线图，2014 年至 2015 年的牛市行情也准确被轨道线提示出了。从历史上的几次大牛市来看，都是首先小幅突破上轨线之后，在线上方横盘几周，再逐渐加速开启大牛市，这对未来我们把握下一次大牛市也有很大的借鉴意义。此外大盘经常进入弱势盘整行情，当我们明白了大盘所处的位置后，就可以依靠板块、个股的精选进行有针对性的操作，后面的章节会讲到这个问题。

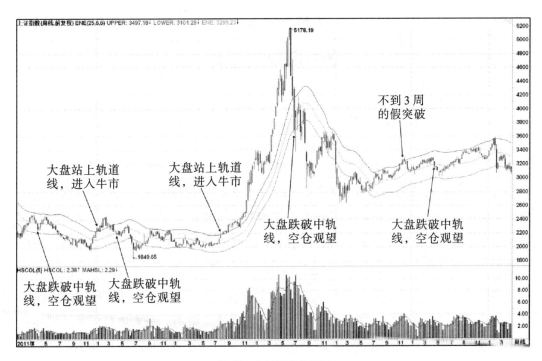

图 69　上证指数周线图

　　一旦我们判断大盘进入牛市，就可以选择个股满仓买入，充分享受牛市的收益。同时，我们必须随时关注大盘动的动向，一旦指数出现走弱迹象，就要及时减仓，大盘走熊之后必须空仓观望，切实规避大盘阶段性下跌的风险，才能真正把利润留住。以上指标，有心人应当活学活用，同时也可以尝试使用更多的指标，以应对大盘的变化，进退自如！

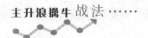

第二节

分类指数判断法

上一节主要讲了笔者对大盘所处位置的几种判断方法，判断的标的都是上证指数。但是近年来我们的 A 股市场发生了极其深刻的变化，最直观的体会就是个股两极分化现象加剧。过去，只要大盘在上涨，个股基本都是上涨的，区别只在于涨多涨少；而最近几年，大盘即使处于上升阶段，却会有一大批股票默默地行走在下降通道，而在大盘处于下跌趋势之时，也会有一批股票走出独立上升的行情。

当然，这种现象既是我们股市走向成熟的标志，也是正常市场应当具有的特征，不过这给我们投资者分析市场带来了极大的难度。笔者以为，未来如果出现系统性的大牛市或者大熊市，绝大多数个股仍然会和大盘走出一致的行情。不过如果市场仍然像最近两年这样不温不火，则市场很可能会出现结构性行情，也就是一部分个股走出牛市，而另一部分个股无缘上涨，甚至反而下跌。

究其原因，一是全球主要国家在过去十来年宽松的货币政策，随着美元加息的开始现在都到了收紧的时候，我国的货币政策也将随之收紧，不支持大牛市的出现；第二，A 股市场经过持续不断的增发新股，目前两市的规模已经非常庞大，相对而言社会流动资金难以撬动整体市场。因此，有限的资金基于一段时间的消息面，或者基本面有重大改观，必然会选择部分个股进行短期集中炒作，这样就产生了结构性行情，这恐怕也将是相当长一段时间之内市场的常态。

针对这种状况，大部分股民们显得无所适从，有人选择追涨杀跌，迷失在不断转换的热点之中；有人干脆抱住几只个股，想以不变应万变，结果错失一只只黑马。我们认为这都是不可取的，针对近期的结构性行情，我们是有方法及时发现并跟上的。具体的方法，笔者总结下来就是：紧盯分类指数，关注龙头个股的启动。

关于龙头个股部分，我们后面还会详细分析，这一节我们主要讲解分类指数的分析。为此，我们有必要认识一下目前市场上最重要的几个分类指数：

1. 上证综指，俗称"大盘"，舆论关注的焦点，由上交所全部股票，以总股本加权计算。由于大盘蓝筹股股本巨大，该指数受大盘蓝筹股影响最大。

2．深证成指，深市的"大盘"，选取深交所 40 只个股，以流通盘加权计算。选择个股较少，也都是大盘蓝筹股，只算流通盘，波动更加极端。

3．深证综指，深交所全部个股，以总股本加权计算。最能体现深交所所有股票走势的指数。

4．中小板指，选取中小板中最具代表性的 100 只个股，以流通盘加权计算。代表了中小板大多数个股动向。

5．创业板指，选取创业板中最具代表性的 100 只个股，以流通盘加权计算。代表了创业板大多数个股动向。

6．上证 50，选取上交所 50 只大盘蓝筹股计算，代表了大盘蓝筹股的动向，有相应股指期货。

7．沪深 300，选取两市 300 只大盘蓝筹，以自由流通股计算，更全面地反映了两市二线蓝筹股的动向，有相应股指期货。

8．中证 500，剔除沪深 300 成分股，及成交额最小的部分股票后，选取两市最活跃、市值最大的 500 只股票计算，是两市最活跃的题材股的标杆，有相应股指期货。

从以上介绍中我们可以看到，平时舆论最关注的上证综指，其实是以总股本来计算的，因为我国众多央企都在上交所上市，而这些超级大盘股其实绝大部分股份都是国家持有，不参与日常交易的。但是他们的波动却按照总股本的权重计算到了指数当中，因此上证指数受这些大盘股影响非常大，指数失真度很高，作为分析对象并不合适。深证成指，在深交所 2000 余只股票中只选择了 40 只大盘股来计算，但这些个股却没有上交所的那些大盘股更有代表性，不具备普遍性，对我们分析来讲也是鸡肋。

深证综指，和上证指数一起成为 A 股仅有的两个综合指数，虽然也有上证综指同样的失真问题，不过由于超级大盘股大多在上交所上市，所以这个问题不算突出，再加上深交所囊括了主板、中小板、创业板三个层次的板块，深证综指把他们全部计算了进去，因而成为最能代表"大盘"的一个指数！中小板指、创业板指分别代表两个层次板块，具有鲜明的特征，也是我们分析的一个好帮手。剩下的三个都有相应股指期货的指数，则非常典型的代表了三个流通盘大小不同的风格板块：上证 50，代表超级大盘股；沪深 300，代表二线蓝筹股；中证 500，代表小盘题材股。综上分析，后面的 6 个分类指数对我们分析市场内部分化状况，具有非常重要的作用！

首先，我们来看一看更能代表"大盘"的深证综指和上证指数的月线图对比：

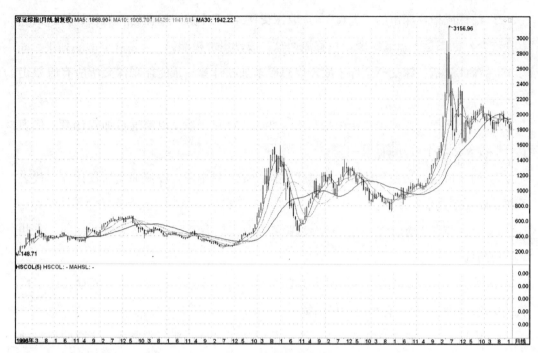

图 70　深证综指

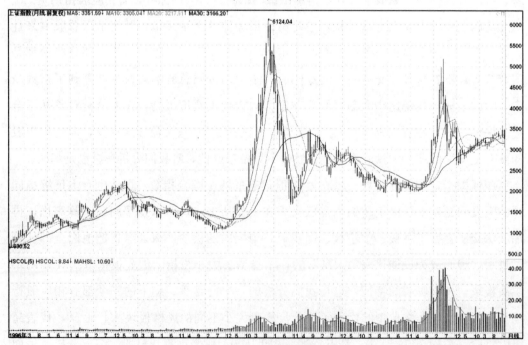

图 71　上证指数

　　上面第一张图 70 是深证综指月线图，现有软件上面指数都是从 1996 年开始，为了方便对比下面这张图 71 我们也截取了上证指数从 1996 年开始的月线图。

从两图对比，我们可以直观地看到，在 2007 年之前两个指数走势形态基本同步，差异极小。但是从 2007 年开始，两个指数开始出现分化，这时候随着牛市的到来，超级大盘股开始陆续上市，对上证指数形成了巨大的引领作用。因此从 2006 年到 2007 年的大牛市，上证指数的上涨非常凌厉，到了 2008 年同样由于这些超级大盘股的持续下跌，造成了上证指数的迅速暴跌。但深证综指在那一轮的涨跌都更显得温和，尤其是深证综指的最高点产生在 2008 年初，做好了技术上标准的双头之后才开始下跌。

而到了 2009 年之后，两个指数的分化就更加明显，上证指数由于受到股价长期低迷的超级大盘股的拖累，此后的走势显得有气无力，2009 年的反弹最高点也没能收回 2008 年跌幅的一半，此后逐波下探，而到了 2014—2015 年的大牛市，其高点仍然难以逾越 2007 年的 6124 点。反观深证综指，2009 年反弹明显收复了 2008 年的大部分跌幅，并且 2010 年又创出了反弹新高，离 2008 年的高点也不远了，到了 2014—2015 年的大牛市，更是气势如虹，远远突破了 2008 年牛市顶点，就算后来遭遇了股灾，深证综指的回调最低点也在 2008 年的最高点附近，此后一直稳定在 2008 年最高点之上震荡。

通过对比我们发现，深证综指更能代表大多数个股的走势，上证指数叉到超级大盘股影响太大，已经严重失真。因此，以后本书分析大盘走势，都直接选取深证综指作为大盘的风向标。

下面我们再看看其他 5 个指数的月线图，因为每个指数开始的时间不一致，我们尽量选取最长的时段：

图 72　中小板指

图 72 为中小板指从 2006 年初开始的月线图

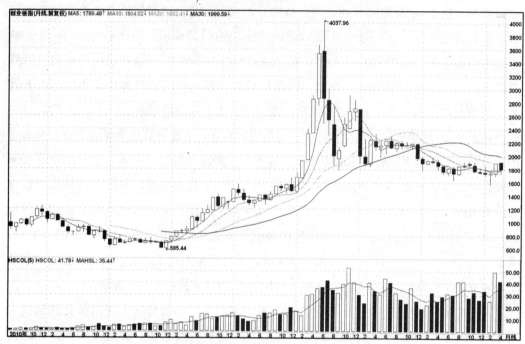

图 73   创业板指

图 73 为创业板指从 2010 年 6 月底开始的月线图

图 74   上证 50 指数

图 74 为上证 50 指数从 2004 年 1 月底开始的月线图

图 75 沪深 300 指数

图 75 为沪深 300 指数从 2005 年 4 月底开始的月线图

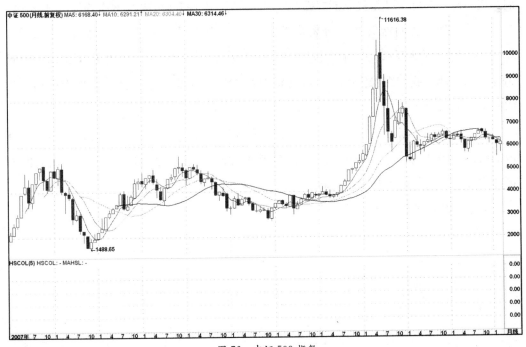

图 76 中证 500 指数

图 76 为中证 500 指数从 2007 年 1 月底开始的月线图

从中小板指数来看，2007 年的持续牛市最后在 2008 年初见顶，2008 年的大跌最后回到 2006 年的平台止跌向上，经过 2009—2010 年连续反弹，又突破了 2008 年的最高点，此后经过两年回调，两年震荡走强，在 2015 年前 5 个月连续爆发，创出了历史最高点，最后遭遇股灾下跌震荡。总体走势上远远强于上证指数，在 2009—2010 年的走势也强于深证综指。创业板于 2010 年中才开始发行，只能观察最近几年的走势，最突出的一点就是，该指数从 2013 年最低点到 2015 年最高点暴涨 589％，是这一时段几个指数当中涨幅最大的。

后面三个带有股指期货的指数，为了便于操作，防止操纵，相当程度是按照股票的真实流通的股份的大小，以及成交量大小作为选取依据来编制的，前面我们已经阐明，这三个指数可以近似地看作分别代表超级大盘股、二线蓝筹股、小盘题材股。那么我们观察三个指数最近两轮大牛市的走势，不难发现：2006—2007 年的大牛市，是以超级大盘股为龙头的，二线蓝筹股涨幅仅次于前者，小盘题材股涨幅最小。但是 2008 年之后的行情，形势就彻底反转了，2009—2010 年的反弹，中证 500 指数为代表的小盘题材股最后又收复了 2008 年的跌幅并终创新高，沪深 300 指数、上证 50 指数的走势则一个比一个更弱。到了 2014—2015 年的大牛市，同样如此，中证 500 指数暴涨创历史新高，沪深 300 指数没能突破 2007 年高点，上证 50 指数离 2007 年高点则更远。

因此，如果我们能够及时分析出 2006—2007 年的大牛市是大盘蓝筹股为龙头，2009—2010 年的大反弹是以中小板为龙头，以及 2014—2015 年的大牛市又是以创业板为龙头的，那么我们在操作中就可以有针对性的捕捉龙头个股，获取远高于市场平均水平的高额收益。

由于后面几个指数出现时间都不长，月线甚至更长周期都显得太大，下面我们就以周线图上用轨道线仔细观察近三年各个指数的走势状况，用以分析未来一段时间有可能出现的牛市行情，最大可能将会是以什么板块个股为龙头。

先上大盘深证综指图：

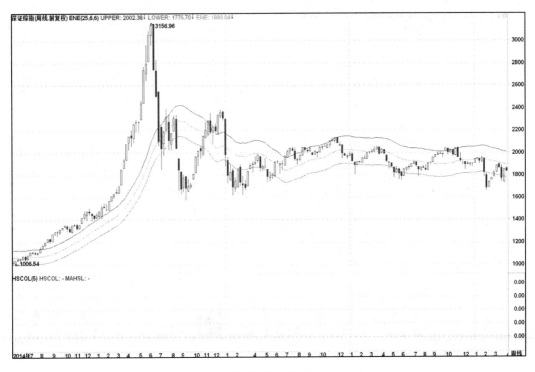

图 77 深证综指

　　从大盘情况看，经历了 2015 年的大起大落，2016 年整体处于弱势震荡，上半年在中轨以下非操作区，下半年长时间站稳中轨，但突破上轨很快又下来，算不上牛市，只能称为弱势反弹。进入 2017 年之后，大盘同样弱势，大部分时间处于中轨以下，最好空仓休息，下半年有一段时间站上了中轨，但三条轨道线仍然是向下运行的，有几次站上了上轨，但是第二周都跌了回来，始终不能稳定站上上轨，牛市还有很长的路要走。目前处于弱势反弹，谨慎操作区间。

　　下面再看中小板指数情况：

　　从图 78 可以看到，中小板指数在 2016 年的走势和大盘几乎一样，但进入 2017 年之后就开始慢慢强于大盘了，不仅大部分时间站稳中轨以上，到了 9 月份之后更是站上了上轨，而三条轨道线也开始向上运行，这已经是明显的进入牛市的特征了！但进入 12 月份又逐渐走弱，跌破上轨，牛市维持的时间太短。

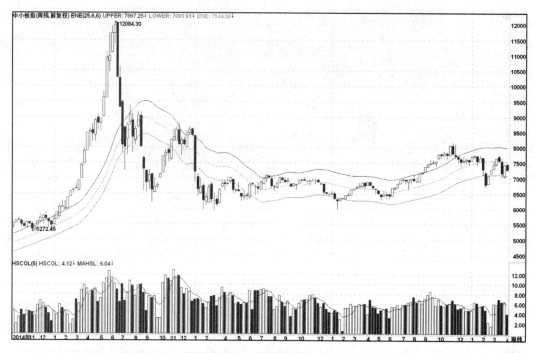

图 78 中小板指

下面我们再看创业板指数的情况：

图 79 创业板指

从图 79 可以看到，创业板指数的走势远比大盘更弱，2016 年全年都未能站上上轨，大盘在反弹之时，也仅仅是在中轨附近横盘。进入 2017 年之后一直在中轨以下，没有机会，虽然有一周站上了上轨，但三条轨道向下运行的惯性短时间难以改观。总体上弱势反弹，谨慎操作！

下面我们再看看三个典型的规模指数的走势：

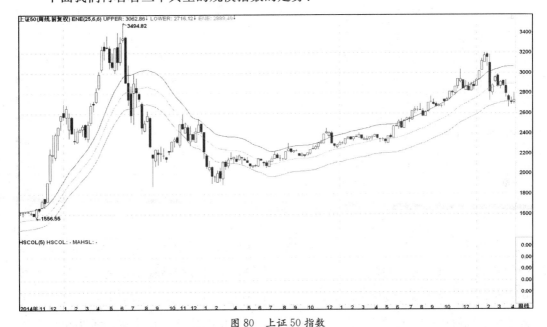

图 80　上证 50 指数

图 81　沪深 300 指数

图 82　中证 500 指数

　　观察以上三个规模指数，我们可以发现，走势最强的是上证 50 指数，从 2016 年中旬开始，三条轨道线就拐头向上运行，指数也从那时开始站稳中轨之上。进入 2017 年之后，三条轨道线继续保持向上趋势，上证 50 指数也几乎一直保持在中轨以上，进入下半年以后更是经常站上上轨，指标显示上证 50 指数已经初步进入了牛市！沪深 300 指数的走势则要比上证 50 指数弱一点，但也具备了三条轨道线向上运行，指数突破上轨线的特征，因此也初步具备了牛市条件。最后的中证 500 指数，则是三个指数当中最弱的，三条轨道线刚刚走平，还未出现向上势头，2017 年 9 月份有几周站上了上轨，但很快又跌了下去，始终难以走强。

　　综合对以上 6 个指数的分析，我们可以得出结论：目前大部分指数都还是处于弱势之中，大盘整体还难言牛市，走势最强的细分市场是上证 50 指数，已经运行了大半年的牛市，但最近也跌下来了。其次是主板，最弱是创业板指；规模分类上，超级大盘股走势最强，已经进入牛市，其次是沪深 300 指数，也到达了牛市的门槛，最弱是中证 500 为代表的小盘题材股，经过两年多的震荡反弹近期又进一步走弱。

　　通过以上分析，我们可以总结出今后一段时间的操作方针：市场总体全面走弱，必须以熊市思维对待，谨慎操作！选股方面，以漂亮 50 为主，主板为辅，尽量规避创业板；规模上选择大盘蓝筹股、二线蓝筹股中线操作为主，精选优质小盘股短线操作为辅。

第三节 ◀▷ ●●

牛熊市的不同战法

前面我们讲了对大盘牛熊市的判断，以及细分指数牛熊市的判断，那么接下来这一节我们就讲一讲，针对牛熊市我们分别应该采取什么样的操作方法。

总体来说，牛市以持股为主，适当回避幅度较大的回调。牛市中，大盘处于上升趋势，机会多多，应以持股为主。只有在预计回调幅度较大时，才进行回避，只留很小的仓位。

一、牛市的操作方法

1. 敢于持续看多

在实际操作中，要想正确应对大的牛市，首先是在思想上要敢于看多，克服"恐高症"，摒弃一涨就卖的思维方式。因为一旦行情得以确立，在消息面、资金面没有根本改变前，行情就不会轻易结束。本次行情得到政策、资金配合，持续走高，如果总是不敢看多，势必会失去很多赚钱机会。

2. 紧盯龙头品种

一般而言，一波上涨行情当中，上涨幅度最大的肯定是领涨品种。因此在牛市操作过程中，一定要紧紧抓住龙头品种，并在资金配置上加大龙头品种的买入比例，只有这样，才能跑赢大盘。

3. 把握联动机会

如果在行情的初期，或者在领涨的龙头品种启动后没有及时介入，也没有太大关系。因为一个板块成为主流板块之后，在领涨龙头品种持续上涨的带动下，其他个股将会出现联动上涨，选择有重组题材或流通市值小的相同板块股票，一样可以获得较大收益。

4. 中线持股为主

操作过程中，一旦买入主流品种，就要抱着中线持股的心态，不宜频繁换股，更不宜短线操作。因为主流品种往往会走出持续上涨的行情，一旦过早卖出，便很难买回，结果是错过极好的获利机会。

5. 及时调换股票

在行情初期，往往很难看清谁是龙头品种。但一旦看清主流板块和品种，就要把自己持有的非主流板块及时换成主流品种。比如在有色金属启动之后，及时把钢铁、电力等非主流品种进行换股，相信会获得较好的收益。如果一味拿着非主流热点股票不动，不去换股操作，即使大盘涨了许多，也只能落个"赚指数不赚钱"的结果。

6. 善于追涨抢进

主流品种往往会持续上涨，操作中要善于追涨龙头品种，比如在其刚刚出现放量拉升或在其刚刚突破一个平台时追进，也是很好的策略。操作中最忌讳的是因为龙头股有了一定涨幅而不敢追进，或不愿意买入，这将失去难得的机会。

7. 在调整时抄底

牛市中还要学会在调整中大胆抄底，尤其是对于领涨的主流品种，在其出现第一次大调整过程中，一旦出现缩量走稳，便可大胆介入。因为主流品种的第一次上涨往往都是建仓过程或是脱离主力资金成本过程，调整后才会展开最具爆发力的拉升行情，如果在调整末期及时抄底，随后的涨幅也相当大。同时，在一波行情尚无见顶迹象之前，期间的调整都是不错的介入机会，至今股指的多次短线调整，也给介入创造了良好的机会。

二、熊市的操作方法

熊市则应该以空仓为主，适当参与幅度较大、把握较大的反弹熊市中大盘处于下跌趋势，此时风险极大，应以空仓为主，只在预计反弹的幅度较大，且有把握赢利时，才适当小仓位参与。

1. 在大盘处于下跌趋势初期，有一些前期涨幅不大的优质股票会补涨，同时，也有部分庄股因为庄家没有出完货，还会拉上来再次出货，也有一段涨幅，但不能看得太高。此时应选择那些涨幅不大，上升角度陡峭的个股，在大盘当日走势强劲，个股强劲上扬时买入。主要考虑补涨股。

2. 在大盘处于下跌趋势中期，有一些股票因为跌得太多，跌得太急，会产生反弹。还有些错杀的优质股，也会反弹。如果预计反弹幅度较大，在有把握获利的情况下小量参与。尽量在大盘当日走势强劲时，选择形态良好、量价配合上佳的个股，在尾盘买入。次日获利3—5个点即抛出，快进快出。

3. 在大盘处于下跌趋势末期，有些先知先觉的大资金开始建仓，下一轮行情的龙头股便会在这些股中产生。此时应积极准备资金，挑选个股，迎接牛市的来临。主要选择那些已突破下行趋势上轨、均线系统已转好、率先走强的领涨股。

这些都是以前的股市高手做出的总结，可以慢慢去领悟，炒股最重要的是掌握好一定的经验与技巧，这样才能作出准确的判断！

《孙子兵法》上面有一段话是这样的："夫用兵之法，全国为上，破国次之；全军为上，破军次之；全旅为上，破旅次之；全卒为上，破卒次之；全伍为上，破伍次之。是故百战百胜，非善之善也；不战而屈人之兵，善之善者也。"孙子说，战争的最高境界是不战而屈人之兵，而且为了达到最大战果，还务必要全歼敌人。笔者认为这一理念在股市上面同样适用。我们投资股票的最高境界就是从牛市一开始就买入持有一只牛股，不折腾而获取牛市的最大收益，为了获取最大的收益，我们务必要等到牛股走完主升浪之后再获利出局！

在牛市之中，市场上最常见的就是很多投资者来来回回地做短线，看似赚多赔少，但算下来其实还不如安心持有一只主升浪阶段的牛股，最后获利幅度更大。这就是孙子所说的"百战百胜，非善之善也；不战而屈人之兵，善之善者也"。明白了这一点，以后我们判断一旦牛市来到，就应该全力寻找处于主升浪阶段的牛股，坚定持有，不战而屈人之兵！

下面我们先来回顾一下过去两轮大牛市之中部分牛股的主升浪走势：

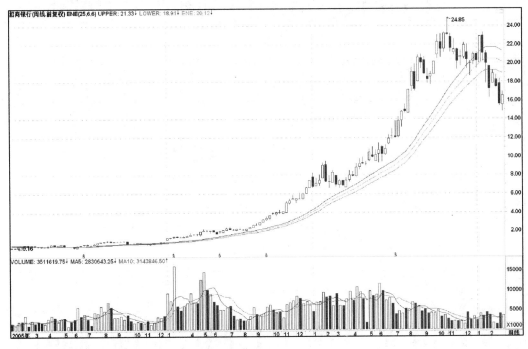

图 83　招商银行（600036）

图 83 是招商银行在 2005—2008 年初的周线图，主图指标为轨道线（ENE），我们如果从 2006 年初股价站上上轨线之后开始买入，然后坚定持有，那么到了 2007 年最高点获利幅度最高可以达到 708％！就算我们等到 2008 年初跌破中轨线止盈卖出，获利幅度也可以达到 561％！

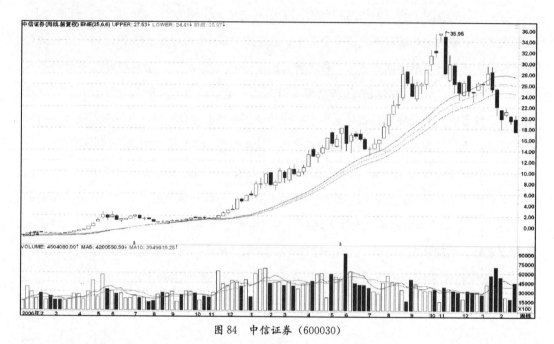

图 84　中信证券（600030）

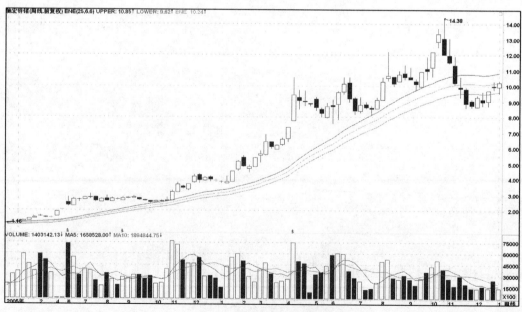

图 85　驰宏锌锗（600497）

图 84 是中信证券在 2006—2008 年初的周线图，主图指标为轨道线（ENE），我们如果从 2006 年底股价再次站上上轨线之后买入，然后坚定持有，那么到了 2007 年最高点获利幅度最高可以达到 624％！就算我们等到 2008 年初跌破中轨线止盈卖出，获利幅度也可以达到 427％！

图 85 是驰宏锌锗在 2005 年底—2007 年的周线图，主图指标为轨道线（ENE），我们如果从 2005 年底股价站上上轨线之后买入，然后坚定持有，那么到了 2007 年最高点获利幅度最高可以达到 2776％！就算我们等到 2007 年底跌破中轨线止盈卖出，获利幅度也可以达到 1791％！

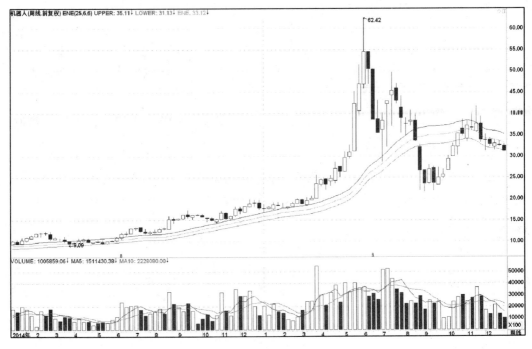

图 86　机器人（300024）

图 86 是机器人在 2014—2015 年的周线图，主图指标为轨道线（ENE），我们如果从 2014 年中股价站上上轨线之后买入，然后坚定持有，那么到了 2015 年最高点获利幅度可以达到 425％！就算我们等到 2015 年中跌破中轨线止盈卖出，获利幅度也可以达到 183％！

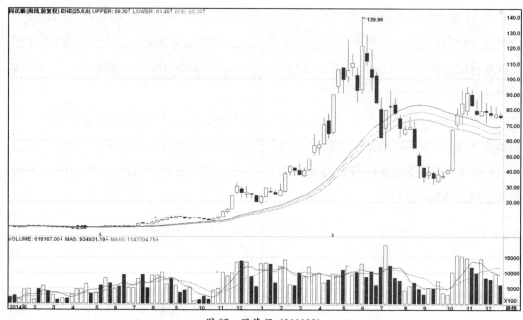

图 87 同花顺 (300033)

图 87 是同花顺在 2014—2015 年的周线图，主图指标为轨道线（ENE）。我们如果从 2014 年中股价站上上轨线之后买入，然后坚定持有，那么到了 2015 年最高点获利幅度最高可以达到 1991％！就算我们等到 2015 年中跌破中轨线止盈卖出，获利幅度也可以达到 844％！

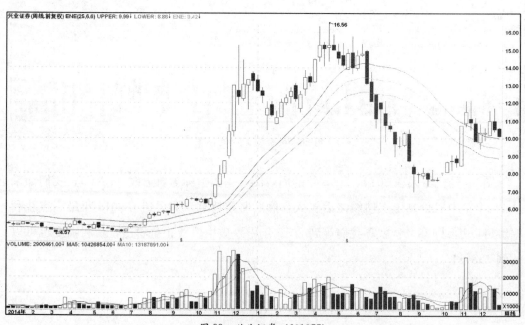

图 88 兴业证券 (601377)

图 88 是兴业证券在 2014—2015 年的周线图，主图指标为轨道线（ENE），我们如果从 2014 年中股价站上上轨线之后买入，然后坚定持有，那么到了 2015 年最高点获利幅度最高可以达到 297％！就算我们等到 2015 年中跌破中轨线止盈卖出，获利幅度也可以达到 205％！

上面我们回顾了过去两轮大牛市之中一些牛股的走势图，按照我们的方法是完全可以在牛市之初就挖掘出这些牛股的。那么在熊市，或者震荡市之中，正确的操作方法又是什么呢？

归结起来，就是要在"波动性市道"中，通过正确的仓位控制，有进有退、进退结合、踏准节奏、高抛低吸，最终达到跑赢指数的目的。但在操作技法的实际运用中，也有一些需要注意的问题。

譬如，在对行情的预判上需要有反向思维，表现在仓位控制上就是要随着大盘和个股的不断上涨，当多数投资者只想着追涨加仓时把仓位逐渐地降下来，尤其是要将一些在低位买入的获利筹码逢高分批卖出去；随着大盘和个股的不断下跌，当多数投资者出现恐慌，纷纷割肉离场时再把仓位逐渐地加上去，尤其是要将那些在高位卖出的筹码以正差的价格低吸回来。一段时间后你会发现，每当大盘和个股上涨时，账户市值总能"多涨"，大盘和个股下跌时账户市值总能"少跌"。经过多次这样的"加减仓位"操作，虽然最终持仓品种和数量没有任何变化，但账户资金却能像滚雪球一样持续地增加，这便是震荡市道的"正确的操作"的核心所在和神奇之处。

我们前面讲了大盘指数，为什么要选择大盘走好的时候选股操作。无论你用什么方法选股，首先要解决的是风险的问题。我们知道，股市中大的风险存在着两大类：一个是系统性风险，另一个是非系统性风险，在股市中困扰我们的就是这两类风险。这两类风险中哪类是主要的呢？系统风险是影响到整个股市涨跌的风险，比如：国家的宏观经济情况、政府的经济政策，包括货币、利率等，即 2008 年世界金融危机的爆发、2015 年股灾的发生等，我们称之为系统风险，这是主要风险。而比如某家公司的业绩大幅下滑导致股价的下跌，这就是"非系统风险"，它只是影响单个公司的风险。我们判断大盘是解决系统风险，而选股是解决非系统风险的问题。你用的选股方法再好，也没有办法解决系统性风险。那系统性风险如何解决，就是我们这一章讲的大盘时机。下一章我们将详细讲解如何通过技术方法选股，判断个股的非系统性风险，从而完成我们投资的最重要一步——选股操作。

第五章
选股的技巧

2007

2010

2013

我们经常听到投资者在讨论一个问题——选股和选时哪个更重要。在正确的时间遇到正确的人或事，才是幸福的，否则通常会导致悲剧，至少是平添了很多的磨难。我们进行股票投资也是同理。如同水果，比如葡萄吧，要是在还没有成熟的时候就摘着吃了，那自然谈不上美味。我们不能说这个葡萄不是好葡萄，而是我们采摘的时机不对。只要是成熟了的葡萄，味道一般都要好过没成熟的，哪怕那些没成熟的葡萄的品种再好。选时很困难，也是金融市场上永恒的主题，笔者在本书前面所提出的空中加油交易系统，就是一个标准的选时的系统，虽然还不够完美，但也基本可以用来指导我们在股市上投资选时之用。

在解决了选时和买卖点的问题后，我们再来解决选股的问题。选股是整个技术分析体系中最难的一点，也是决定投资能否成功，并能获取超额利润的最重要最关键的一环，更是一般投资者最难解决的环节。前面我们讲了趋势投资的理论基础和基本概念，并且谈了比较简单、客观有效的判定大盘的方法，比如：进入牛市的判定，强弱信号等。按照我们上面讲的方法判断大盘，可以获得稳健的投资收益。但是要最终操作获得收益，还必须落实到具体选股上，本章我们就具体讲一讲在不同市场情况下的不同选股方法。

排除高风险股票

目前，我们的 A 股市场上面已经有 3000 多只股票，股票数量一旦多了起来，就会出现良莠不齐的现象，并非所有的股票都有投资价值或操作价值，我们在选择可操作的股票之前首先要做的是剔除那些风险大于回报的股票，缩小选择股票的范围，以利于我们更准确地寻找到可操作的股票。这里我们排除掉几类明显具有高风险的股票，不可以介入：

1. 被特殊处理的股票不能做：包括股票名称前面加上了"ST"" * ST""S""退"等，这些股票基本面肯定是有问题的，一不小心就可能遇到突发利空，或者被长时间停牌，甚至直接退市，我们操作上应该首先规避这一类股票。有些股票虽然暂时还没有被特殊处理，但是由于前面三个季度的季报已经公布了业绩巨亏，到了年报公布就可能会被 ST 处理，这个时候也是非常危险的，也要尽量规避。

2. 受到监管层处罚的股票不能做：包括证监会及其下属机构证监局、证券交易所，还包括其他监管部门，如财政部、环保监管部门、物价监管部门、安全监管部门等。公开实施的各类监管措施包括：证监会主要是行政处罚、警告、责令整改和公开通报批评；地方证监局主要是行政监管，如出具警示函；上交所和深交所主要是自律监管和纪律处分；其他监管部门主要是行政处罚，基本以罚款为主。受到监管层处罚的上市公司或多或少都存在着各种问题，尤其是经常被处罚的问题大户，更是我们必须要规避的高风险股票。

3. 成交量低迷的股票不能做：如果一个股票的成交量过小，那操作中进出都存在困难，不论它好坏，都不能介入，万一行情对你不利你无法迅速地离开市场，风险无法控制。排除掉大盘蓝筹股因为大部分股份被国家持有不参与日常交易外，一般的中小盘股如果长时间日换手率保持在 0.5％以下，或者日成交金额低于 1 千万元，就要坚决回避了。

4. 主营业务不清晰、纯粹炒作概念的股票不能做：有的上市公司股权过度分散，主营业务不明晰，大股东心思不在做强做大公司主业，而放在追热点、炒作股价、从而高位套现上面。还有不少别有用心的公司常跟随市场热点声言转型，紧接着给自己取个和热点接近的新名字，这个举动常常会引来资金的追捧、股价的蹿升。这种"转型是假，炒作是真"的情况甚至在一家公司多次发生。这种公司完全没有长期上涨的基础，我们操作之时必须回避这种股票。

5. 估值过高，泡沫太大的股票不能做：看一个股票的投资价值，主要看市盈率、市净率、市销率这三个指标，包括最近几年的指标变化趋势。市盈率高于 30 倍理论上都不具有投资价值，但还要看最近三年的经营业绩是否稳定增长，在业绩公布敏感期尤其重要。市净率主要看净资产的高低，如果每股净资产高更可能出现高送配，在年报公布期间有更大想象空间。市销率是笔者非常看重的一个指标，主要看一个公司的销售额相对于其市值的比例，这个指标作假的空间不大，直接代表了公司经营情况的好坏，市销率越大说明估值越高，结合毛利率来看，市销率一般大于 10 倍就属于严重高估了，如果毛利率较高，或者近几年稳定增长的可以适当放宽。

总之，不要选择那些无法把握的股票，不论它是否能给你带来丰厚的利润，只要是风险不易控制的股票都近似于赌博。《孙子兵法》云："途有所不由，军有所不击，城有所不攻，地有所不争，君命有所不受。"放到股市中就是有些股票就不能做，有些钱就不能挣。一旦违背原则做了高风险股票，养成了这种习惯，难保以后会遇到风险爆发，造成巨额亏损，所以我们应该从一开始就杜绝参与高风险的股票，只挣稳当的钱。

第二节

善用软件选股功能

很多投资者认为：买股票不难，卖股票很难，选股最难。选股确实是整个投资活动中最后的一环，也是最关键的一步。其实炒股票，不论什么方式和思路，最终都会落实到操作上，不论任何五花八门的路数也会落实到最终选股上，就算买基金或者其他证券也是一样。选时与选股，在笔者看来，其实这两者是有机结合的，我们选出一只股票同时也是选择了它目前的技术形态，符合我们的选时标准，也就是符合交易系统。但是，可能在同一时间有若干股票都符合我们的交易系统，但每只股票的风险都是不一样的，上涨概率都是不一样的，就算都能够上涨，最后的上涨幅度也会相差很大，这时候我们就需要有一套选股方法来解决了。

一、使用通达信软件编写选股公式

通达信软件是一款多功能的证券信息平台，有简洁的界面和行情更新速度较快等优点。通达信允许用户自由编写指标，设置选股公式，让我们能够完全按照自己的意愿来选股。下面，笔者就结合某证券公司通达信软件的选股功能，简单讲解如何编写选股公式，以及选股。

1. 编写选股公式

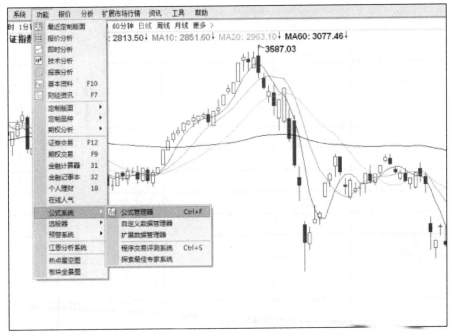

图 89　公式管理器

首先，打开通达信软件，点开左上角"功能"，从下拉菜单中找到"公式系统"，再点击右边子菜单的"公式管理器"，另外也可以直接在键盘上同时按下 Ctrl＋F，这样都可以打开公示管理器窗口，如图 90：

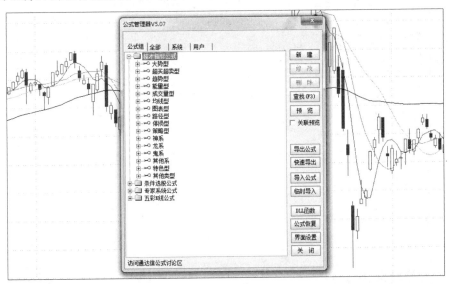

图 90　公式管理器

进入这个页面后，我们先点开"条件选股公式"前面的符号＋，然后点击下列的"其他类型"，最后点击右上角的按钮"新建"，如图 91：

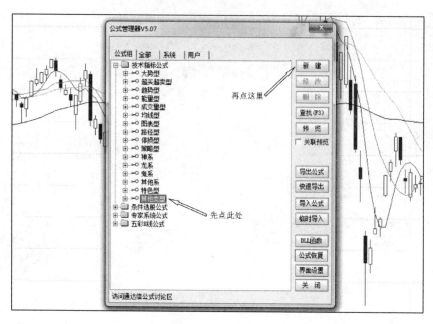

图 91　公式管理器

　　然后就会弹出"条件选股公式编辑器"窗口，我们就可以在其上进行公式编写了，如图 92：

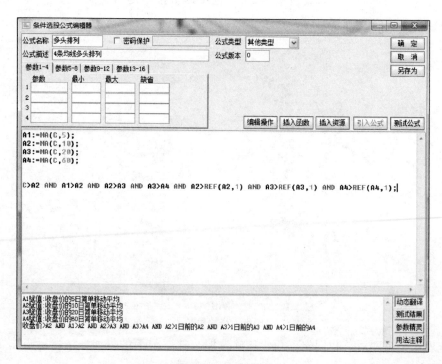

图 92　公式编辑器

通达信选股公式的编写，需要具备一定软件编程基础知识，这里我们并不要求每一位投资者都具备精通编程的能力，但是在网上有许多网站都可以找到现成的选股公式可以利用。投资者具备起码的公式编写，甚至是复制的能力，都会对我们的选股工作带来极大的方便。上图是笔者编写的简单选股公式：选出 5、10、20、604 四条均线形成多头排列，而且 10、20、60 三条均线向上运行的个股，公式具体内容如下：

A1：=MA（C，5）；

A2：=MA（C，10）；

A3：=MA（C，20）；

A4：=MA（C，60）；

3>A2　AND　A1>A2　AND　A2>A3　AND　A3>A4　AND　A2>REF（A2，1）

AND　A3>REF（A3，1）　AND　A4>REF（A4，1）；

下面再给大家介绍几个常用的公式：

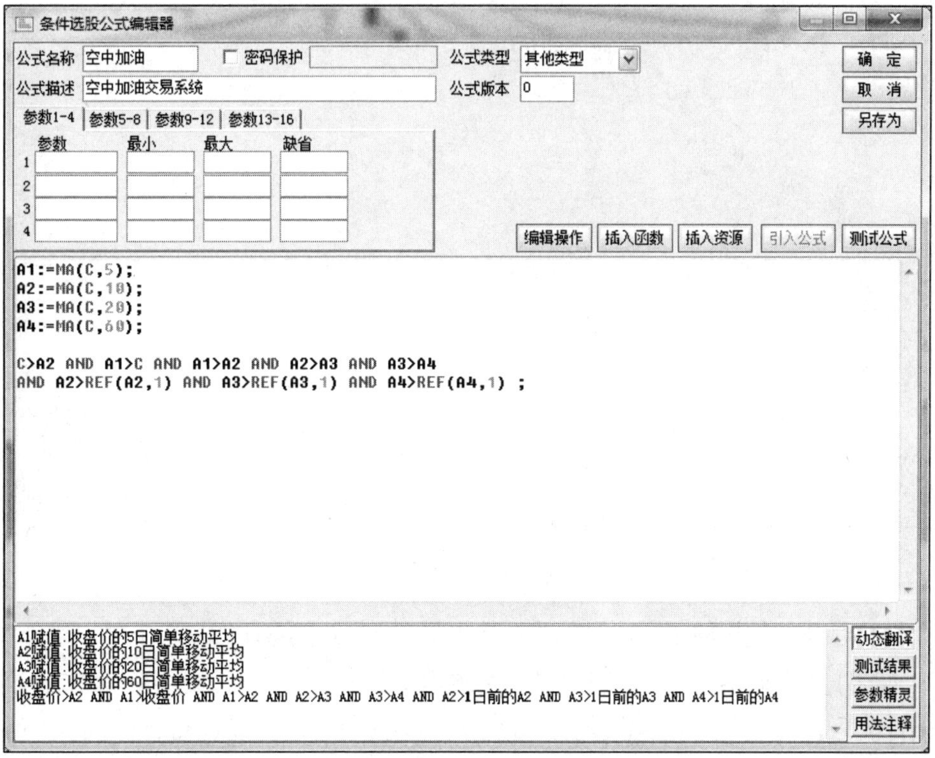

图 93　公式编辑器

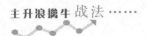

这就是我们的交易系统——空中加油交易系统的选股公式，其实也就是在上面的公式中加入了股价小于 5 均线，内容如下：

A1：＝MA（C，5）；

A2：＝MA（C，10）；

A3：＝MA（C，20）；

A4：＝MA（C，60）；

C＞A2　AND　A1＞C　AND　A1＞A2　AND　A2＞A3　AND　A3＞A4

AND A2＞REF（A2，1）AND　A3＞REF（A3，1）　AND　A4＞REF（A4，1）；

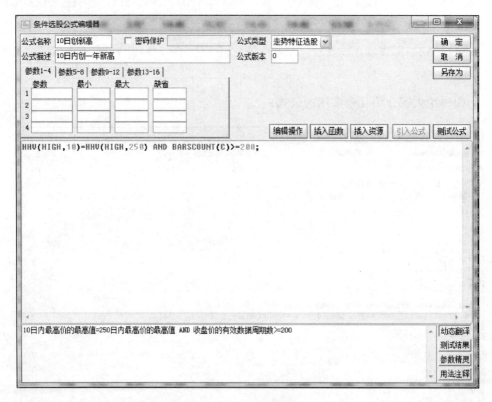

图 94　公式编辑器

上图也是我们常用的一个选股公式：选出最近 10 个交易日创最近一年以来新高的个股，而且上市时间超过 250 个交易日，公式内容如下：

HHV（HIGH，10）＝HHV（HIGH，250）AND　BARSCOUNT（C）＞＝200；

以上都是我们常用的几个选股公式，读者朋友可以把它们保存下来，供以后选股之用。现在还有很多投资者，只能用原始的方法选股，靠在软件上面一只一只地翻看，明显是很耗时间的事情。就像算盘时代和计算机时代。高手，就是殊途同归，得出来结果都是一样的。会用公式的，找票一分钟；不会使用公式的，就算已经有方法了，找票也要花半天时间！现在网络上面的现成公式已经上百个了，上网都下载得到，建议投资者朋友多学多用，可以起到事半功倍的成效。

2. 如何使用软件选股功能选股

公式有了以后就可以开始选股了，选股的程序如图 95 所示：

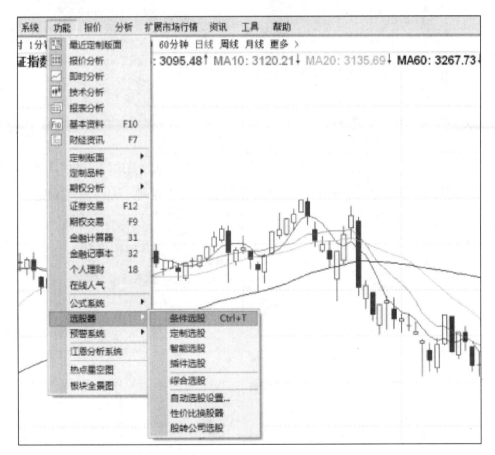

图 95 条件选股

点击左上角的按钮"功能"，在下拉菜单中用鼠标指到"选股器"，再点击右边子菜单的"条件选股"，或者在键盘上同时按住 Ctrl＋T 就可以打开"条件选股"窗口了。如图 96：

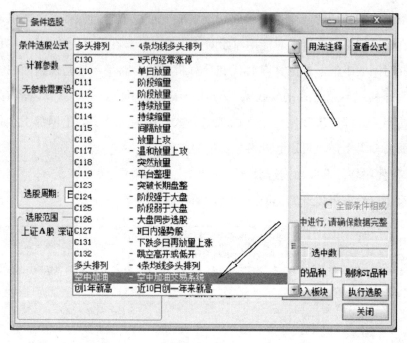

图96 条件选股

图96所示，打开"条件选股"窗口后，在"条件选股公式"右边的可选栏目之中，点击展开键，从下面备选公式中选出我们自己编写的公式：多头排列，鼠标点击它选定。

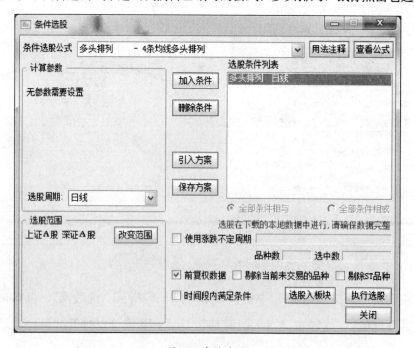

图97 条件选股

接下来，如图 97 所示，点击"加入条件"就把上方选股公式加入到右边"选股条件列表"窗口中了。左边的选股周期：日线；选股范围：上证 A 股、深证 A 股，这些都可以根据自己的需要修改，条件都选定以后，就可以点击右下角的"选股入板块"按键了。

图 98 条件选股

点击了"选股入板块"按键，就会弹出一个新窗口，让你选择把选出的股票放进哪一个板块。投资者可以选择"自选股"，但这样就会把原先在自选股板块里面的股票全部清理掉。笔者还是建议投资者每次选股都新建一个相应的板块，具体方法是点击右上角"新建板块"，然后输入板块名字即可。如图 99：

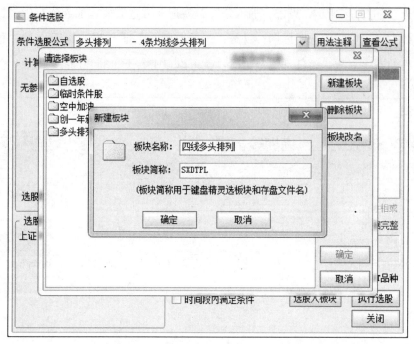

图 99　条件选股

　　板块选择完毕之后，软件选股就开始了，如果投资者是当天第一次选股，那么一开始软件会先刷新，然后还要下载数据，数据下载完之后就进行选股了，如图100；

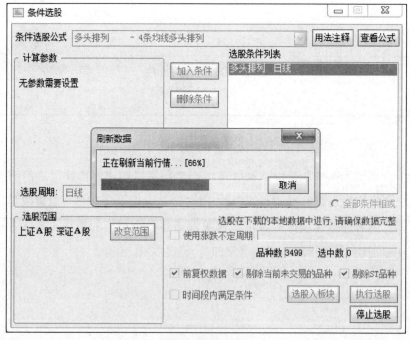

图 100　条件选股

选股完成之后，软件会自动跳转到显示选股结果的所在板块，这里就是我们选出的最终结果了。

二、使用软件选股功能从板块指数开始进行选股

纵观 A 股市场的历史可以发现几乎每次行情都是以板块炒作为主线的，市场中每一时期主流板块的涨幅通常比大盘指数大很多，所以研究市场中的板块效应对于把握股市中的投资机会有很强的参考意义。我们一旦找准了一个阶段市场的主流炒作的概念板块，那么对我们的投资将会有着事半功倍的效果。上一章，我们已经详细讲解了板块分析的方法，本节主要讲解如何运用软件中的板块指数，来分析找出强势板块。

我们现在普遍使用的各大软件都有概念板块分类排名功能，也有各大板块指数走势图可供分析之用，下面我们就以某证券公司通达信软件为例，说明如何分析各个板块指数的强弱，从而找出强势板块。

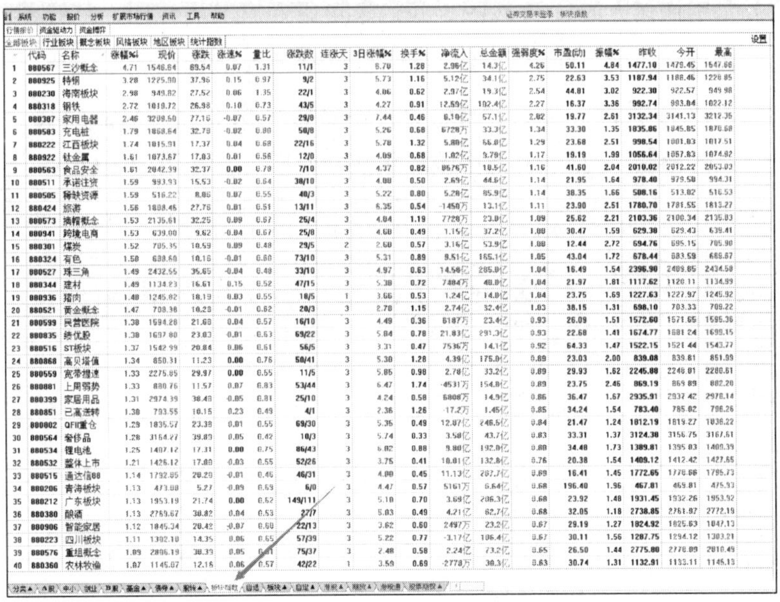

	代码	名称	涨幅%	现价	涨跌	涨速%	量比	涨跌数	连涨天	3日涨幅%	换手%	净流入	总金额	强弱度%	市盈(动)	振幅%	昨收	今开	最高
1	880567	三沙概念	4.71	1546.64	69.54	0.07	1.31	11/1	3	6.70	1.28	2.96亿	14.3亿	4.26	50.11	4.84	1477.10	1479.45	1547.66
2	880925	特钢	3.28	1225.90	37.96	0.15	0.97	9/2	3	5.73	1.16	5.12亿	34.1亿	2.75	22.63	3.53	1187.94	1188.46	1228.85
3	880230	海南板块	2.98	949.82	27.52	0.06	1.35	22/1	3	4.06	0.62	2.97亿	19.3亿	2.54	44.81	3.02	922.30	922.57	949.98
4	880318	钢铁	2.72	1019.72	26.98	0.10	0.73	43/5	3	4.27	0.91	12.59亿	102.4亿	2.27	16.37	3.36	992.74	993.04	1022.12
5	880387	家用电器	2.46	3209.50	77.16	-0.07	0.57	29/0	3	7.44	0.46	6.10亿	57.1亿	2.02	19.77	2.61	3132.34	3141.13	3212.36
6	880503	充电桩	1.79	1868.64	32.79	-0.02	0.80	50/8	3	5.26	0.68	6728万	33.3亿	1.34	33.30	1.35	1835.86	1845.85	1870.68
7	880222	江西板块	1.74	1015.91	17.37	0.04	0.68	22/16	3	5.78	1.32	5.80亿	66.0亿	1.29	23.68	2.51	998.54	1001.83	1017.51
8	880922	钛金属	1.61	1073.67	17.03	0.01	0.56	12/0	3	4.09	0.68	1.02亿	9.79亿	1.17	19.19	1.99	1056.64	1057.83	1074.82
9	880563	食品安全	1.61	2042.39	32.37	0.00	0.78	7/10	3	4.37	0.82	8676万	18.5亿	1.16	41.60	2.04	2010.02	2012.22	2053.03
10	880511	承诺注资	1.59	993.93	15.53	-0.02	0.64	38/10	3	4.08	0.50	2.69亿	44.6亿	1.14	21.95	1.64	978.40	979.58	994.31
11	880505	稀缺资源	1.59	516.22	8.06	0.07	0.55	40/3	3	5.22	0.80	5.28亿	85.9亿	1.14	38.35	1.66	508.16	513.02	516.53
12	880424	旅游	1.56	1808.46	27.76	0.01	0.51	13/11	3	6.35	0.54	-1450万	13.1亿	1.11	23.90	2.51	1780.70	1781.55	1813.27
13	880573	摘帽概念	1.53	2135.61	32.25	0.09	0.67	25/4	3	4.04	1.19	7728万	23.0亿	1.09	25.62	2.21	2103.36	2100.34	2135.83
14	880941	跨境电商	1.53	639.00	9.62	-0.04	0.67	25/0	3	4.60	0.49	1.15亿	37.2亿	1.08	30.47	1.59	629.38	629.43	639.41
15	880301	煤炭	1.52	705.35	10.59	0.09	0.48	29/5	2	2.60	0.57	3.16亿	53.9亿	1.08	12.44	2.72	694.76	695.15	705.90
16	880324	有色	1.50	688.60	10.16	-0.01	0.60	73/10	3	5.31	0.89	9.51亿	165.1亿	1.05	43.04	1.72	678.44	683.59	689.67
17	880527	珠三角	1.49	2432.55	35.65	-0.04	0.48	33/10	3	4.97	0.63	14.58亿	285.0亿	1.04	16.49	1.54	2396.90	2409.85	2434.58
18	880344	建材	1.49	1134.23	16.61	0.15	0.52	47/15	3	5.38	0.72	7484万	48.0亿	1.04	21.97	1.81	1117.62	1120.11	1134.99
19	880936	猪肉	1.48	1245.82	18.19	0.03	0.55	18/5	1	3.66	0.53	1.24亿	14.0亿	1.04	23.75	1.69	1227.63	1227.97	1245.92
20	880521	黄金概念	1.47	708.38	10.28	-0.01	0.62	20/3	3	2.78	1.15	2.74亿	32.4亿	1.03	38.15	1.31	698.10	703.33	709.22
21	880599	民营医院	1.38	1594.28	21.68	0.04	0.57	16/10	3	4.49	0.36	6187万	23.4亿	0.93	26.09	1.51	1572.60	1571.65	1595.36
22	880835	绩优股	1.38	1697.80	23.03	-0.01	0.63	69/22	3	5.04	0.78	21.83亿	291.3亿	0.93	22.68	1.41	1674.77	1681.24	1699.15
23	880516	ST板块	1.37	1542.99	20.84	0.06	0.61	56/5	3	3.31	0.47	7536万	14.1亿	0.92	64.33	1.47	1522.15	1521.44	1543.77
24	880868	高贝塔值	1.34	850.31	11.23	0.00	0.76	50/41	3	5.30	1.28	4.39亿	175.0亿	0.89	23.03	2.00	839.08	839.81	851.99
25	880559	宽带提速	1.33	2275.85	29.97	0.00	0.55	11/5	3	5.85	0.98	2.78亿	33.2亿	0.89	29.93	1.62	2245.88	2248.81	2280.61
26	880881	上周弱势	1.33	880.76	11.57	0.07	0.83	53/44	3	6.47	1.74	-4531万	154.8亿	0.89	23.75	2.46	869.19	869.89	882.20
27	880399	家居用品	1.31	2974.39	38.48	-0.05	0.81	25/10	3	4.24	0.58	6808万	14.9亿	0.86	36.47	1.67	2935.91	2937.42	2978.14
28	880851	已高送转	1.30	793.55	10.15	0.23	0.49	4/1	3	2.36	1.26	-17.2万	1.45亿	0.85	34.24	1.54	783.40	785.82	796.26
29	880802	QFII重仓	1.29	1835.57	23.38	0.01	0.55	69/30	3	5.36	0.49	12.07亿	246.5亿	0.84	21.47	1.24	1812.19	1819.27	1836.22
30	880564	奢侈品	1.28	3164.27	39.89	0.05	0.42	10/3	3	5.74	0.33	3.58亿	43.7亿	0.83	33.31	1.37	3124.38	3156.75	3167.61
31	880534	锂电池	1.25	1407.12	17.31	0.00	0.75	86/43	3	6.02	0.88	9.80亿	192.0亿	0.80	34.48	1.73	1389.81	1395.83	1409.39
32	880532	整体上市	1.21	1426.12	17.00	-0.03	0.55	52/26	3	3.75	0.41	10.01亿	132.8亿	0.76	20.38	1.54	1409.12	1412.42	1427.65
33	880515	通达信88	1.14	1792.85	20.20	-0.01	0.46	46/31	3	4.00	0.45	11.13亿	207.7亿	0.69	16.41	1.45	1772.65	1776.66	1795.73
34	880206	青海板块	1.13	473.00	5.27	-0.09	0.69	6/0	3	4.47	0.57	5161万	6.64亿	0.68	196.40	1.96	467.81	469.81	475.93
35	880212	广东板块	1.13	1953.19	21.74	0.00	0.62	149/111	3	5.10	0.70	3.69亿	206.3亿	0.68	23.92	1.48	1931.45	1932.26	1953.92
36	880380	酿酒	1.13	2769.67	30.82	0.04	0.53	27/7	3	5.03	0.49	4.21亿	62.7亿	0.68	32.05	1.18	2738.85	2761.97	2772.19
37	880906	智能家居	1.12	1845.34	20.42	-0.07	0.60	22/13	3	3.62	0.60	2497万	23.2亿	0.67	29.19	1.27	1824.92	1825.63	1847.13
38	880223	四川板块	1.11	1302.10	14.35	0.06	0.65	57/39	3	5.22	0.77	-3.17亿	106.4亿	0.67	30.11	1.56	1287.75	1294.12	1303.21
39	880576	重组概念	1.09	2806.19	30.39	0.05	0.61	75/37	3	2.48	0.58	2.24亿	73.2亿	0.65	26.50	1.44	2775.80	2776.89	2810.49
40	880360	农林牧渔	1.07	1145.07	12.16	0.06	0.57	42/22	1	3.59	0.69	-2778万	30.3亿	0.63	30.74	1.31	1132.91	1133.11	1146.13

图 101　板块指数

图 101 所示，在通达信软件中先点键盘上面的 F6，看到下面的标签栏以后，点击“板块指数”，就出现了上图的结果，这里就是软件设置的所有板块指数的排列。我们如果需要分析一个板块的总体走势，就可以点击相应的指数，打开其 K 线图，方便地进行分析，如图 102：

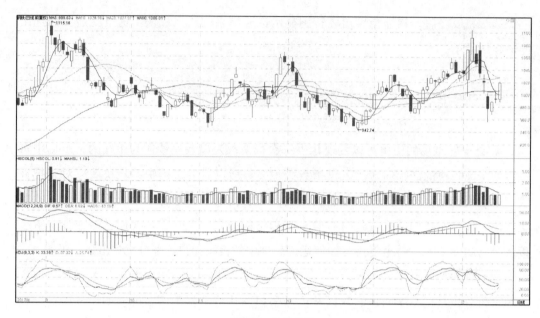

图 102　钢铁指数

图 102 就是钢铁指数的日 K 线图，我们还可以观察其周线图、月线图。其他的板块指数也可以进行相应的分析。另外，我们也可以把板块指数当作股票，一样使用软件的选股功能来进行筛选，以尽量快速的选出强势板块，我们只需要在"条件选股"的窗口点击"改变范围"，把选股范围改成板块指数即可。如图 103 所示：

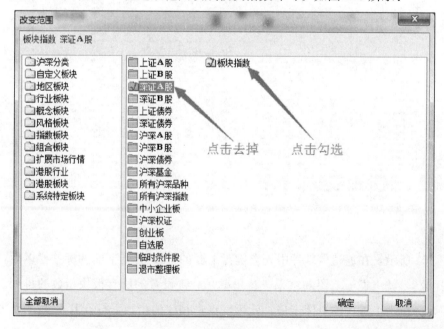

图 103　条件选股

选定之后，就可以单独对板块指数进行筛选了，如图 104：

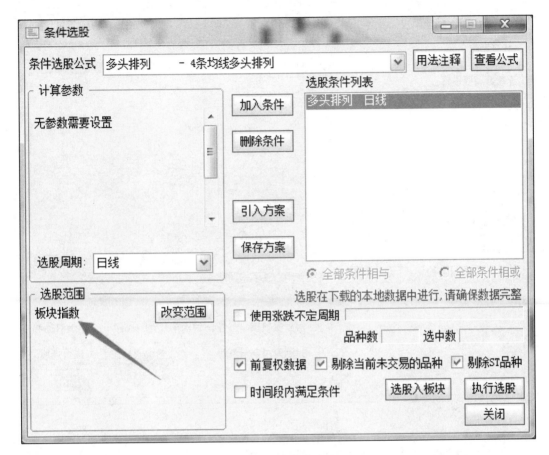

图 104　条件选股

这样一来，我们就可以最快的速度选出符合我们要求的板块，然后再以上一章详细讲解的方法从中筛选出强势个股操作。

三、使用软件选股功能从全部个股中直接选股

前面我们讲了先从板块入手，自上而下地进行选股，当然也可以自下而上，直接从所有个股进行选股，因为我们有了软件选股功能，经常性的把全部股票筛选一遍也非常容易。如图 105 所示：

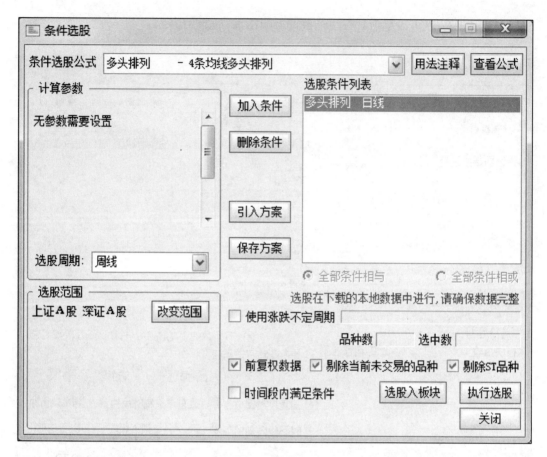

图 105　条件选股

图 105 就是通达信软件条件选股的界面，笔者现在形成习惯之后，几乎每天收盘后都会分别把月 K 线、周 K 线、日 K 线形成多头排列的股票都选出来分别放在一个板块，周 K 线、日 K 线同时形成多头排列的股票再选出单独放在一个板块，月 K 线、周 K 线、日 K 线同时形成多头排列的再单独选进一个板块，每天更新符合条件的个股，再从中挑选可供操作的个股。这些板块选出都有其各自的用处，后面笔者会逐一具体讲解。

第三节 ◁ ●●

从概念板块指数寻找市场热点

以上是股票板块里出现的一般性规律，但投资者在实际应用的时候，还需要讲究多种策略和手法，以确保能及时跟上板块的节奏，获取最大收益或减少最大损失。下面，就来讲述一些板块操作的实际技巧。

一、三项对比技术

所谓对比分析就是将两个特定目标进行对照比较，或者在某一个指标内对目标群体进行整体性比较，以寻求特定的关联性或独特性。

根据参照物的不同，对比分析可以分为横向对比分析和纵向对比分析。横向对比分析就是用其他对象作为参照物进行分析，比如将个股走势同大盘走势进行叠加对比，或者在"最大涨幅"指标里针对众多股票进行比较筛选；纵向对比分析则是利用对象自身的不同阶段的发展趋势作为参照物来进行分析，比如将个股最近5日的活跃性或强弱度同过去20日的情况进行对比。

通常而言，板块分析中的对比分析主要有：叠加分析、排序分析、强弱分析。

1. 叠加分析

叠加分析是一种直观的图形分析方法，是将两个或两个以上的图形界面在同一种坐标系统中进行叠加对比，以分析某个目标与其他目标的相似性、特殊性或强弱性。被叠加对比的目标可以是大盘指数、其他指数、个股、基金、债券、权证等品种。

当然，在通达信软件中也可以利用"双品种组合"来进行对比分析。"叠加品种"是将两个对比物换成同一百分比坐标后，在同一个主图区域内显示，可以很好地显示同一时期内各品种的涨/跌幅度。而"双品种组合"则是将两个对比物分成上、下两个主窗口来查看，同时还可以保留各自的成交量等指标，只要能将两者的时长调成同步，就能很好地察看两个品种的走势节奏。这对于个股和大盘的走势对比，以及个股与龙头个股的走势对比，有很大的帮助。通过"叠加分析"，投资者可以得知个股与大盘走势的强弱程度，也可以得知个股与其他个股走势的差异性，方便从全局的走势中把握个股或板块的阶段性行情。

2. 排序分析

排序分析就是将市场所有的个股或板块按相同的标准进行指标排序，以确定个股或板块在整个市场中的强弱地位，方便投资者对个股或板块的强弱走势作出对比分析。

排序分析中可以利用的指标通常有涨幅、涨速、换手率、量比、流通股本、市盈率等，通常按"61＋回车键"或"63＋回车键"即可到达沪、深两市行情表，然后点击相应的指标就可以进行正排序或反排序。当投资者进入某一个板块后，同样可以点击相应的指标进行正排序或反排序，只是这里对比的是该板块内个股的排行状况。投资者不但可以在这里对比当日的指标状况，还可以通过"阶段排行"的功能，指定一个特定的时间段来对比某些主要指标的历史累积数据，以确定某一时间段内的个股排行状况。

排序分析是根据"强者恒强，弱者恒弱"的市场原理来进行操作的。不管是在多头市场、平衡市场或者是空头市场，涨势最强的个股或板块就属于强势股票或强势板块，显示市场资金的流向正集中于该领域，因而对其进行操作的营利性最大。而跌势最强的个股或板块则属于弱势股票或弱势板块，显示大量的市场资金正从该领域撤出，投资者应该及时规避风险。

3. 强弱分析

强弱分析有两种：一种是横向强弱分析，另外一种是纵向强弱分析。

横向强弱分析就是以大盘为特定对象，将个股走势同大盘走势相比较，以判断此时个股是比大盘更强势还是比大盘更弱势。在沪、深两市行情表中，有一个"强弱度％"的指标，其数值越大，说明当天个股走势同大盘相比越强势；数值越小，则表明个股走势同大盘相比越弱势。通常所说的某股走强就是相对于大盘指数而言的，投资者可根据"逐强驱弱"的原则，利用该指标来筛选股票。

纵向强弱分析就是将个股当日的强弱表现同其过去一段时期内的强弱表现相比较，以纵向查看个股近段时期以来的强弱表现。比如某股"60日强度"为－10，"20日强度"为5，"5日强度"为12，说明个股正在逐渐走强。在通达信软件里，投资者点击菜单条"报价"里的"强弱分析报表"后，系统将自动将沪、深两市股票按"5日强"

"10 日强""年度强"等指标进行排序，方便投资者查看该指标内的最强者或最弱者，以确定某一时段里的强势股或弱势股。

二、选股步骤

对板块进行分析通常要考虑两个内容：一个是确定强势板块，一个是确定强势个股。但在具体进行板块分析与操作的时候，因投资者的偏好不同，其分析顺序是不一样的。中线投资者求稳，对过急的股票涨跌不甚在意，往往是在收盘后先进行强势板块的分析，后跟踪强势板块里的强势个股；而短线投资者则往往只看重几个交易日里的盈利，故而常常先分析盘中的强势个股，后跟踪分析其所属板块的强弱问题。

下面，从中线投资者的角度来讲述板块的分析手段。

1. 确定阶段性强势板块

阶段性强势板块是指在某一时期内走势持续强势的板块。通过对板块强弱的分析，投资者可以感知某一阶段内最活跃的板块是哪一个。在通达信软件里，可通过"热门板块报表"这个功能来查看当日的板块强弱问题。在这个界面上，点击鼠标右键选取"区间热门板块"，即可在设置阶段性时间后，获得该时间段内 9 项指标的排行状况，见图 106。该图显示的是 2017 年 11 月 1 日至 12 月 31 日之间的板块统计信息。需要注意，当投资者点击某板块后，里面显示的已不再是该板块在 2017 年 11 月 1 日至 12 月 31 日之间的排名状况了，而是当日交易的排名状况。

在这里，投资者可以通过"均涨幅"或"涨股比"来获得该时间段内的板块排行名单。此处的红色数值越大，表明该板块在该时间段内处于领涨的地位；绿色数值越大，则表明该板块在该时间段内处于领跌的地位。

所谓"均涨幅"是指某板块内所有个股的算术平均涨幅，即所有个股的涨幅之和除以个股总数后的百分比；所谓"涨股比"是指某板块内所有个股之中上涨个股的数量。由于权重大的个股会影响其他个股的真实涨/跌幅度，所以这里一般是参考"均涨幅"里的数据。

投资者平时设定的自定义板块也会出现在这里，这对于投资者自行设定的板块定位是否准确，是否能够获得市场的重视也是一个考验。在图 106 中，"创一年新高"就是自定义的板块，里面对应着近期股价创最近一年新高的所有股票。

	板块名称	均涨幅%↓	加权涨幅%	涨股比	领涨品种	总成交	市场比%	换手率%	市盈(动)
	板块分析-所有板块 区间: 2017-11-01,三 至 2017-12-31,日 点右键操作								
1	昨高换手	36.84	—	18/55	贵州燃气	2236亿	1.17	128.45	—
2	活跃股	28.97	—	38/100	药石科技	6904亿	3.61	172.32	—
3	近期异动	18.75	—	10/34	贵州燃气	2752亿	1.44	127.07	—
4	昨日较强	16.81	—	14/44	药石科技	3794亿	1.99	68.21	—
5	运输设备	15.68	—	4/18	江南嘉捷	1717亿	0.90	24.28	—
6	供气供热	14.87	—	9/27	贵州燃气	962.5亿	0.50	51.33	—
7	昨日涨停	13.12	—	4/28	贵州燃气	1189亿	0.62	70.93	—
8	空运	10.60	—	5/8	南方航空	1219亿	0.64	21.54	—
9	百元股	9.82	—	10/19	中新赛克	4203亿	2.20	54.41	—
10	芯片	9.69	—	44/78	深南电路	12702亿	6.65	124.74	—
11	昨日振荡	9.05	—	14/27	庄园牧场	1382亿	0.72	68.62	—
12	高市净率	8.81	—	79/200	药石科技	21331亿	11.17	63.63	—
13	创一年新高	7.98	—	57/76	新城控股	15512亿	8.12	6.66	—
14	多晶硅	7.18	—	11/20	合盛硅业	3047亿	1.59	68.17	—
15	次新股	6.47	—	103/376	药石科技	18693亿	9.78	259.60	—
16	贵州板块	6.16	—	5/29	贵州燃气	2585亿	1.35	35.55	—
17	信息安全	5.86	—	14/51	江南嘉捷	4519亿	2.37	64.97	—
18	日用化工	4.88	—	3/11	名臣健康	258.5亿	0.14	49.80	—
19	半导体	4.80	—	26/55	聚灿光电	7891亿	4.13	100.11	—
20	上周强势	3.98	—	26/100	贵州燃气	9072亿	4.75	63.92	—
21	高贝塔值	3.00	—	44/100	佳力图	19346亿	10.13	70.67	—
22	近期新高	2.87	—	14/25	快乐购	2084亿	1.09	48.04	—
23	铁路	2.50	—	1/3	广深铁路	419.9亿	0.22	23.58	—
24	珠三角	2.42	—	25/47	南方航空	18883亿	9.88	25.42	—
25	5G概念	2.33	—	25/70	深南电路	8567亿	4.48	57.05	—
26	国证红利	2.15	—	27/50	保利地产	24843亿	13.00	5.45	—
27	化工原料	1.96	—	28/154	药石科技	7107亿	3.72	52.82	—
28	化纤	1.90	—	9/24	荣盛石化	1130亿	0.59	42.39	—
29	维生素	1.55	—	8/15	新和成	1377亿	0.72	81.11	—
30	上证超大	1.24	—	12/20	贵州茅台	14624亿	7.65	5.00	—
31	其他商业	1.08	—	1/9	中农立华	247.0亿	0.13	41.07	—
32	深证红利	0.99	—	17/40	新和成	11551亿	6.05	24.35	—
33	白酒	0.81	—	7/19	老白干酒	4582亿	2.40	44.79	—
34	国证农业	0.74	—	24/50	鲁西化工	8098亿	4.24	36.36	—
35	中证龙头	0.72	—	44/96	士兰微	37980亿	19.88	8.28	—
36	大盘价值	0.58	—	29/66	南方航空	23906亿	12.51	6.54	—
37	大盘股	0.57	—	88/200	华能水电	63042亿	33.00	11.35	—
38	免疫治疗	0.50	—	7/24	安科生物	959.4亿	0.50	35.74	—
39	啤酒	0.48	—	2/7	青岛啤酒	206.8亿	0.11	29.02	—
40	银河99	0.46	—	51/99	新城控股	42639亿	22.32	8.78	—
41	深证价值	0.13	—	40/100	新和成	20469亿	10.71	27.64	—
42	次新开板	0.00	—	0/17		0	0.00	0.00	—

所有板块 ╲ 自定义板块 ╲ 地区板块 ╲ 行业板块 ╲ 概念板块 ╲ 风格板块 ╲ 指数板块 ╲ 组合板块 ╲ 证监会行业 ╱ ◀

图 106　软件区间热门板块

148

实际上，这里的板块名称就是板块指数，如"贵州板块"就是"贵州板块指数"，它是以所有贵州区域内的个股为样本的一个板块指数，只是它没有基点和基期，不能反映该板块指数的历史涨跌状况，只能反映当日或一段时间内的该板块的涨跌状况。需要注意的是，排在首位的板块可能不具备代表性，这往往是由于该板块不被人熟悉或认同的原因，也是板块内成员数量太少或总流通盘太少而无法吸引大资金流入的原因。如图106中的"昨高换手"虽然排在首位，但市场并不知道或并不认同这个板块，当ST新梅等股票上涨时，市场往往会认为是ST类股票在上涨。

2. 确定阶段性强势个股

在图101中，阶段性的领涨股已经出现在"领涨股票"这个指标里了。如"供气供热"里该阶段的领涨个股是"贵州燃气"。在连续查看了排名靠前的几个板块及其领涨个股后，投资者往往就可得知是否有值得继续跟踪的板块及个股了。

可见，确定阶段性强势板块和确定阶段性强势个股，可以在一个流程里实现。

3. 确定盘中强势板块

盘中强势板块就是当日大盘中处于强势状态的板块，通过"热门板块报表"即可进行查看。一般而言，投资者都是通过"均涨幅"这个指标来观察哪个板块更强势的。这是一个不断刷新的指标，所以板块的排名状况会不断地变更，但这有利于投资者抓住变化的时机，快速进行决策。

在实际运用中可以发现，阶段性的强势板块不一定就是当前盘中的强势板块。如果现在盘中的强势板块不属于阶段性的强势板块，则需要确认该板块突然崛起的真实性和有效性。如果该板块的崛起是符合当前市场投资者心理需求的，是迎合当时市场环境特征的，那么投资者可以及时跟进；反之，则有可能是昙花一现的试盘动作，投资者跟进的风险较大。但是，如果当时盘中的强势板块属于阶段性的强势板块，则该板块维持盘中强势的可能性比较大，对该板块进行操作的成功率较高。通常而言，当日板块强势的时间越长，其强势趋势就越值得信赖；当日板块强势的时间越短，其强势趋势则值得推敲。

4. 确定盘中强势个股

盘中强势个股就是在当前市场中充当领涨先锋的股票。一旦盘中当日的强势板块在"热门板块报表"里显示后，该表后面随即就会给出"领涨股票"的名称；或者投资者也可以点击排行靠前的板块进去查看，依次分析领涨个股后面跟风的股票，以确定该板块的跟风股票数量和跟风紧密程度，然后在进行整体的技术分析和适当的价值分析后，得出哪只个股更具有跟进价值的结论。

当然，有的短线投资者喜欢在沪、深两市排行榜中用"均涨幅"指标来查看领涨个股。因为板块的启动首先来自于个股的突然飙升，往往当一只股票突发性涨停时，该板块其他个股可能才反应过来，而此时在"热门板块报表"里，该板块指数也许还得不到及时的反映。所以，同时用"热门板块报表"和沪、深两市排行榜中的"均涨幅"指标来跟踪强势板块和强势个股，是比较理想的看盘方法。

但是从实际应用的角度来说，激进的短线投资者只会用沪、深两市排行榜中的"涨幅、涨速、量比"等指标来进行股票的搜索、跟踪和交易，而后在收盘后再用"热门板块报表"来分析其当日所交易的板块行情，并作出第二天的交易决定；稳重的短线投资者则一定是先看"热门板块报表"，等板块相关数据显示出某板块确实是在整体走强后，才开始介入之前就已确认好的个股，最后才是在收盘后进行该板块的分析工作，并作出第二天的交易决定。需要注意，如果当日盘中热点散乱，则意味着没有出现有组织、有预谋的整体板块行情，各自为战的背后往往是游资兴风作浪的结果，资金较大的投资者不值得参与——这也是为什么稳重的投资者必须耐心等待的原因。

在盘中进行观察的时候，如果当时盘中出现的个股属于近期持续上涨的个股，那么说明它可能是该板块或者是整个市场里的龙头股，只要该股不是处于涨势末期，其仍然是值得重点参与的对象；如果盘中出现的个股不属于近期持续上涨的个股，而是突然崛起的个股，那么要防止它是在做试盘的动作。同前面的分析一样，当日个股强势时间越长，其强势趋势值得信赖；当日个股强势时间越短，其强势趋势值得推敲。

可见，确定盘中强势板块和确定盘中强势个股，也可以同步进行。

三、板块行情，先看容量

A股市场已有3500多只股票，随着市场的不断扩容，股票市场细分化的要求会越来越突出，而板块的联动和轮动效应也将更加显著。与此同时，市场资金在逐利性的驱使下会不断寻找下一个目标，以板块为特征的小市场则正好可以满足它们的胃口；而对于已经持有股票的投资者而言，则更需要时刻关注板块的异动行为，以踏准市场节拍顺势而为。具体来说，在对板块进行操作的时候，投资者需要讲究以下的操作策略。

就中国目前的股市来说，大户联合坐庄的时代早已不复存在，现在的板块行情都是集团性资金大举建仓、合力推进的结果，能否成为阶段性热炒板块的前提条件就是板块的规模够不够大。所以小资金的投资者在介入的时候，除了要注意上述联动、轮动的规律外，最好是追逐流通盘在1亿－4亿股的个股。若流通盘太小，主流资金进出不易，则个股和板块被连续热炒的可能性就会降低；若流通盘太大，则太费资金，个股和板块将很难被连续拉高。此外，投资者介入的板块最好是目前正流行的或是历史规律清晰的、现阶段尚未被爆炒的板块，同时要求该板块的个股数量达到20只以上，或者个股平均流通盘在2亿以上。这两个条件是比较稳妥的基本条件，是根据集团性资金的操作规律而作出的规定。对于大盘蓝筹股的走强，投资者则要慎重对待，因为这会耗费大量的资金，在市场存量资金有限的情况下，可能会使大盘"失血"而导致个股普跌。所以，适当的流通盘大小是有利于板块持续上涨的先决条件。

四、阶段不同，行情不同

板块的联动和轮动往往是由个股引发的，而个股在不同的时间有不同的运动规律。

1. 在大盘持续下跌但下跌动能出现衰竭的时候，超跌反弹的个股和板块往往会群起而动；超跌反弹的个股很多，但不一定就能形成某一板块的集体走强；如果在个股反弹的时候恰好某一板块符合当时的炒作热点，那么该板块往往会率先突围。但是投资者要注意，市场持续下跌后的人气难以聚集，此时冷门板块暴涨难以得到广泛的市场认同，只有适合大资金参与的蓝筹股板块连续上涨，才能彻底激活市场人气，这是优质股开路的影响力，也是无数次历史的总结。

2. 在大盘低迷但有重大利好政策出台的时候，久跌深套的大盘往往会出现个股普涨的行情，有时甚至会出现几百只股票一起涨停的盛况，但当日之内投资者是难以分清哪个板块更具有持续走强潜力的，这需要投资者继续跟踪板块指数的排行状况。一般来说，大盘蓝筹股可以起到开路先锋的作用，但它太耗资金，难以持续领头；只有流通盘适中、题材适合的板块才能在市场回暖的过程中游刃有余。投资者此时介入的风险往往很小，市场参与的热情也往往会持续一段时期，因而投资者不应在第一个获利回吐的高峰期就匆匆平仓了结。

3. 当大盘企稳后，最活跃的往往是补涨股、重组股和庄股。因为基本面不好的个股或高度控盘的庄股，往往会底气不足或曲高和寡，唯有在人气高涨时才能借势拉升，达到浑水摸鱼的目的。滞涨股常常是牛市里的焦点，当大盘涨势确立了几个月之后，市场参与者往往想的是怎样减少风险，怎样去抓下一匹黑马，而比价效应则容易使滞

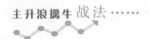

涨股引起市场的共鸣，如果再有行业复苏、业绩增长等基本面的支持，各路资金很容易一哄而上。通常而言，由于进入大盘蓝筹股的资金量往往很大，所以大资金者在进场或离场时总是会提前一步；而重组股、概念股等被短线资金操纵的可能较大，因而在市场跟进上往往稍慢一拍，但如果发觉大盘转势则常常去意坚决，导致个股大起大落。在牛市中，板块运动的总体特征是：先涨的先调整，先调整的先涨，暴涨会有暴跌，不温不火的板块也许才能走得更远。

4. 在牛市的其他时间段，任何板块的持续升温都需要对某一概念或题材进行深度的挖掘，更需要大量资金的涌入。如果该板块的崛起符合当前市场的心理需求，迎合当时的市场环境，那么该板块持续上涨就是资金追逐赢利机会的必然反应。只有当市场上出现有影响力的龙头个股，并能产生巨大的财富效应时，该板块的行情才能够走得更远。如过去的深深房和上海梅林等的历史表现，就使人记忆犹新。此外，只有具备特定的历史机遇或历史性题材，或具有价值性或成长性的个股，才能带领相关板块不断创造牛市神话；而一般性题材的炒作时间比较短，往往"利好出尽是利空"，消息兑现之日就是行情结束之时。对于这样的题材板块，投资者只能做短线操作，在手法上要讲究快、准、狠，来不得半点马虎和侥幸。

5. 当市场资金处于狂热状态的时候，所有的股票都会获得巨幅拉升，充裕的资金和疯狂的投资者不会放过任何低廉的股票，市场当时的口号往往就是"消灭5元股"。因而不论股票优劣，不论流通盘大小，所有的股票都会"鸡犬升天"。当最冷门的股票及其板块都被轮炒的时候，往往就是行情需要进行大面积调整的时候，这也常常是牛市需要调整的明显信号。从一线的优质高价股到二线的中庸中价股再到三线的劣质低价股，所有的股票轮番暴涨，这是牛市轮动的鲜明特征。一旦所有的股票都被轮流炒过几波，所有股票的市盈率都翻了好几倍，一个牛市的生命也就走到了尽头。需要注意，这里的高价股、中价股、低价股其实也是三个板块，这三个板块也有轮动的特征和规律，当低价股板块被"抬上天"时，即是牛市见顶的时候。

五、识别性质，更新板块

在追逐强势板块的时候，投资者要注意识别被炒作的各种概念，切勿把非主流题材当作主流题材而匆忙介入，也不可把短期板块效应当作长期板块效应而持续持股。在每一波中级以上的行情中，通常只有一个大的主流板块，而市场对主流板块的炒作往往占据了大盘主要的上涨时间段，非主流板块仅在主流板块进行休整的短时间内，才会有一定的补涨机会。

通常而言，要判断板块行情是否具有持续性，或是属于短线行情、中线行情还是大行情，主要看以下几个方面：

1. 看当前热点是否符合当时市场的主流投资理念，这是判断行情发展的大方向。比如"奥运概念"就曾一直贯穿于 A 股市场 2006—2007 年的整个大牛市。

2. 看相关概念是否能为上市公司带来真实的业绩增长。只有业绩持续增长，才能保证在股价大涨之后，其市盈率仍能保持适当的水平，以利于主力成功套现。

3. 看这个概念是否是第一次被炒作。第一次被炒作的概念由于没有可比性，主力可以随意拉高定价，往往持续性较好，而后期重复炒作时的效果则要大打折扣。

4. 看热点概念振臂一呼时，是否会迅速带动大盘放量上涨。若市场反应积极，那么说明热点的出现正当其时，深得人心（但在熊市中，热点产生初期时，对大盘的带动效应不明显）。

5. 看同板块内主要个股是否具备连续走强的技术条件。比如"领头羊"及其同类股票的上档处是否有明显的阻力位，其股价是否纷纷处在高位等。

6. 不具备联动效应和比价效应的板块，往往很难形成具有重要影响力的领涨板块。

可见，如果不能获得主流资金的认同，或者其概念不能为上市公司带来实质性的业绩增长，那么这种板块行情可能只是一般性的短线概念炒作行为，投资者要注意规避行情随时见顶的风险。曾经涨幅较大的板块若再次活跃，也往往只是短线的反弹行情，投资者介入时需要提高谨慎。

对于板块内个股出现联动跌停的现象时，投资者也应分清谁是始作俑者，谁是被动牵连的受害者。对于被动跌停的个股，投资者需要高度关注，因为如果它原本就是强势股或股质不错，那么当利空消息过去之后，它多数还是会按照既定的方向运行。

此外，很多个股具有不同的背景和概念，属于不同的板块，投资者对其跟风的判断要具有多面性；同时，板块确定后也并非是一成不变的，行情分析软件公司会根据市场热点的变化，对个股增加新的板块归属，而投资者也有必要自定义新的板块名称，跟上新时期的市场热点和市场环境。比如，当"解禁概念""期货概念""创投概念"出来后，很多个股就会有新的归属圈，市场参与者也会逐渐适应它们之间的联动效应，并形成约定俗成的看法。

六、板块操作技巧

除了上面的一些板块运动规律外，还有一些操作技巧需要投资者掌握：

1. 个股率先启动时，如果板块没有跟上，介入的风险比较大；

2. 板块如果跟上，则要看"领头羊"能否成为市场明星，以及板块的概念是否具有历史特定的背景，否则板块行情难以走远；

3. 当出现板块间的轮动现象时，市场资金将会出现分流，可放弃正要调整的个股，进入轮动板块的"领头羊"，做多股的波段；

4. 对于基本面良好、成长性较大的龙头个股，也可以选择做中线交易，耐心持有，避免在调整中出局；

5. 每日关注领涨板块（或板块指数），对近期内两次领涨的板块进行跟踪。若大盘走势不好时，该板块可能是在吸筹；等大盘走势转好时，该板块可能会快速走强；一旦发现该板块走强，则应立即介入该板块中的领头品种。

6. 对于未来缺乏炒作题材和炒作空间的个股，无论是否被深套，都应当舍弃后寻求新的强势板块。

七、阶段性操作策略

前面论述了板块的操作策略，现在从整体上来了解在大盘不同阶段里的板块操作问题，以及不同阶段里的板块表现特色。前面略有简述，现在着重阐述，以加强投资者对板块整体性的认识。

1. 筑底期

在大盘筑底的时候，往往是人气极度低迷的时候，盘面即使偶有热点，但也往往是凌乱不堪，很难出现持续性走强的板块。而很多主力也都在犹豫中或试探中逐步建仓，以揣测市场人气和环境压力。此阶段，虽然板块行情难以持续，但一些超跌板块或新概念板块对于短线投资者而言，还是有一定机会的。此外，投资者也可以关注那些持续放量的品种，这说明主力正在大举建仓，后期市场一旦回暖，他们的下一个动作往往就是直接拉升股价。

2. 上涨期

牛市一旦来临，其上涨的时间往往会超过一年。在这一年里，板块行情将变得精彩纷呈，而一些容量较大、股质较好、概念较新的板块，往往会成为市场中的龙头板块，其行情将一直贯穿整个牛市。在牛市的上涨期，各板块的热点不仅层出不穷，同时板块轮动的速度也会加快，吸引各路资金不断进出。特别是主力资金在盈利之后，往往会四处寻找低价板块再次建仓，疯狂拉抬股价以吸引人气，使整个市场的股票价格节节攀升。在这种环境下，稳妥的方式就是只抓住一到两个主流板块，轮换着跟到底，如果投资者朝三暮四，反而容易失去更大的赢利机会。

3. 做顶期

当市场行情达到顶部的时候，先知先觉的部分主力会加快离场的速度，而那些早期涨幅巨大的股票也开始出现滞涨或急跌的行情。但是，由于市场大众仍处于快速致富的亢奋之中，所以某些板块还是会继续飙升，大盘在此时易出现此涨彼落的现象，而板块行情也将出现分化。在这个阶段，大盘股板块会变得比较呆滞，上涨无力；而小市值板块和垃圾股板块则比较活跃，常常上蹿下跳。此时，投资者需要从曾经重仓的板块中撤离出来，同时用少量资金参与一些小盘股的股票，但要注意随时控制风险。

4. 下跌期

一般来说，牛市的下跌时间也至少会有一年，整个市场趋势完全是向下的，即使偶有反弹，也往往是主力逢高减磅的时候，因而此阶段很少会出现较大的板块行情。但是，市场里数万亿资金不会整周躺在账户上不动，而数以万计的职业投资者也不会停止工作，因此超跌股、消息股、题材股、年报股等，都是这个阶段里的宠物。此时的板块行情往往都很短暂，而且陷阱比较多，一般投资者的操作成功率非常低。但如果投资者坚持一个月只捕捉一次短线行情，往往还是会取得较好收益的。

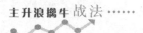

抓龙头个股

市场行情启动后，不论是一轮大牛市行情，还是一轮中级反弹行情，总会有几只个股起着呼风唤雨的作用，引领大盘指数逐级走高。龙头股的表现远远较一般股票出色，而且龙头股树立之后，部分与之相关的公司会被市场投资者挖掘，也会随后跟上，从而形成板块效应。而且市场主力树立一个龙头股是相当不容易的，必然会竭力呵护，以便推动大盘指数，鼓动人气跟风。因此龙头股表面上看前期升幅已大，但后市仍有较大的获利空间，一旦确认了龙头股，就应勇敢介入，而且龙头股往往抗跌性较强。

一、寻找龙头股的六大方向

第一，具有强大的研发实力

一个具有足够强大的研发实力的企业才能不断更新产品，因此自主创新是企业生存的灵魂。这类企业本身具备强大的科研实力，能够面对瞬息万变的市场，生存和抗击打能力极强。如果说别的企业是市场的跟风者的话，这类企业就是新市场的开拓者。这类企业包括中兴通讯、中国中车、京东方等。

第二，具有自主知识产权或垄断技术

拥有自主知识产权的企业，其产品就受到了法律保护，企业的发展不会因其他同类企业的产品模仿带来竞争压力，这对发展初期的企业来说，显然提供了利润保证。A股中这类企业有生产血必清的红日药业，生产藏药的奇正藏药，生产肝素钠的海普瑞，生产苗药的贵州百灵等。藏药和苗药的配方都是属于国家级秘密，产品是不可能被模仿的，这类企业的发展壮大是有保证的。

第三，具备垄断资源

这类企业最为特殊，比如具有丰富黄金贮备的山东黄金、恒邦股份，具备稀土贮备的包钢稀土、广晟有色，对自然资源的垄断给企业发展带来了足够宽的"护城河"，所以这类企业特别珍贵。虽然黄金稀土等稀有金属也受经济周期的影响，但从长期来看由于其垄断性，价格一波高过一波是必然，在估值较低或大熊市末期买入是不错的选择。

第四，被国家授予特许经营权

这类企业包括中国移动、中国联通、中国电信等。这类企业国家授予了特许经营权，只此一家别无分店，所以其发展基本上不会遇到任何阻力和竞争，相关的码头港口机场类股票也可视作此类，但比起移动、联通他们的发展潜力来说，稍有逊色，只不过这类的股票，盘子已经很大，增速较慢。

第五，区域性龙头企业

这类企业的市场或许还没在全国铺开，但在当地却是实实在在站稳了脚跟，炒股策略公司公众号每天为你免费诊股，他们往往和当地政府关系融洽，也颇得当地消费者信赖，其他企业就很难攻下它的市场。这类企业一般收益非常稳定，伴随利润的积累常会有业务扩展的野心，所以往往是市场关注的焦点。

第六，所属国家政策扶持的新兴产业

由于具备国家政策扶植，新兴市场具备相当的宽度，由于这个市场的产品远未达到饱和状态，大家都有机会，所有的企业都可在相当长的时间内分得一杯羹，当然前提是要具备相应的技术。这类企业在发展初期的扩展速度是非常快的，在这个阶段投资是最理想的，国家一直强调的七大新兴产业就是个标准。

二、龙头股的技术特征

那么龙头个股在技术上又有什么样的特征呢？笔者总结龙头股主要的特征就是走势强，强于大盘，也强于同板块的其他个股，主要表现在以下：

第一，在某段时间之内，如果大盘处于上涨状态，龙头股的涨幅要远远高于大盘涨幅。

第二，在某段时间之内，如果大盘处于横盘震荡状态，龙头股的涨幅要高于大盘涨幅。

第三，在某段时间之内，如果大盘处于下跌状态，龙头股要保持较强抗跌性，或跌幅要远低于大盘跌幅。

第四，在某段时间之内，龙头股的表现始终要强于同板块和同概念其他个股。一

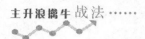

且行情启动，龙头股必须要率先冲上涨停板。就算当天大盘较差，没有涨停个股，龙头股也一定要进入当天的涨幅榜前列。

从走势来说，龙头个股往往先于大多数个股走强，龙头股不仅在日线上形成了多头排列，一般来说其在周线图上也会提前形成多头排列，等到大盘开始上涨，龙头股就可以展开主升浪了，因此龙头股我们一般可以以周线图上使用空中加油交易系统来操作。下面，我们简单回顾一下历史上几只著名的龙头股，看看其技术形态走势的具体形态，也便于我们以后寻找新的龙头个股。

创业板指数从 2010 年中推出以后，一直到 2012 年底都维持逐波下探的走势，而创业板中的龙头股一定先于创业板指数见底并走强，下面我们就来看一只创业板的龙头股——掌趣科技（300315）。

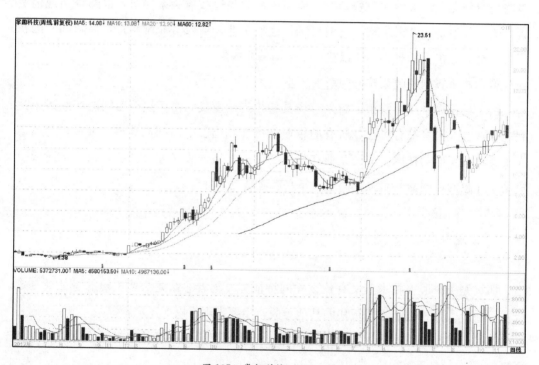

图 107　掌趣科技（300315）

从图 107 可以看到，掌趣科技上市后调整到 2012 年 7 月份见到最低点，此后开始逐步走强并站上三条均线之上，到了 2012 年底创业板指数再创新低，但该股只是小幅调整，并未创新低。2013 年 2 月 8 日当周该股拉出大阳线，此后均线系统开始形成多头排列，虽然此时上市不满 60 周，只有三根均线，但一样能够体现出当时的趋势。

2013 年 3 月 15 日当周收出小阴线，成交量萎缩较小，完全符合空中加油交易系统，当周买入后持续上涨达 400％以上。像这种龙头个股，投资者一旦买入，一定要牢牢守住，等待主升浪拉升后充分获利再逢高出局。

2015 年股灾后，大盘持续低迷，进入 2016 年大部分个股弱势不振，但龙头股这时候就会独立走强，下面我们就来看一只龙头股：

图 108　煌上煌（002695）

图 108 是煌上煌在 2015—2016 年的周线图，可以看到大盘指数和中小板指数都在 2016 年初跌破了 2015 年的最低点，但是煌上煌进入 2016 年虽然也跟随大盘有所下跌，但并未创新低，到了 7 月份该股迅速爆发，轻易突破 2015 年最高点，走势远远强于大盘和中小板指数。此后该股于 2016 年 7 月 29 日当周回调到空中加油狙击点，出现了绝佳买点，我们此时买入刚好是阶段性低点，此后三个月左右，该股暴涨 150％以上。这是弱市之中难得的少数龙头个股，我们能够在弱市中找到这样的龙头股一定要好好把握，赚到主升浪的最大获利空间。

图 109　隆基股份（601012）

　　图 109 是隆基股份从 2015 年初至 2017 年底的周线图，可以看到大盘指数在进入 2017 年以后上半年震荡下跌，其中 5 月份还创出了新低，下半年才慢慢震荡向上。但该股进入 2017 年之后充分体现出了龙头股的本色，周线形成了流畅的多头排列，此后 5 月份的调整该股也快速完成了调整，然后迅速拉升到了 2015 年高点附近，大牛股至此开始启动，此后该股连续三周回到空中加油狙击点，给出了我们从容买入的机会。后面就是龙头股的表演了，大概 10 周的时间，隆基股份大涨 100％以上，给我们带来了丰厚的回报！

第六章
牛股特征

2007

2010

2013

我们投资都想做到最高的效率，那么在个股主升浪刚刚启动之初就介入其中，无疑就是最佳的时机。这样不用经历股价洗盘被套的过程，买入后不久直接就能够拉升，最好是主力刚开始发动行情之日，这一点不需要做过多的说明了，捕捉行情起涨点是每个投资者的愿望。我们的交易系统，虽然是在趋势已经形成之时，再买入股票，但在趋势形成之前股票的上涨难以判断，涨幅也相对有限；我们待其趋势形成再跟上个股的主升浪恰逢其时，本章就具体讲解如何判断不同形态个股的主升浪。

第一节

经典主升浪行情特征

一只处于持续上涨的个股，往往会存在一个主升浪表现的过程，这个过程也是该股上涨速度最快的时期，因此也成为投资者最希望抓住的机会。特别是那些偏好短线操作的投资者，总是希望能够在不同的个股主升浪中进行参与，以获得较大的投资收益。因此，在这里我们就个股主升浪的几个特点进行分析，以便投资者在今后的操作中参考，寻找其中的投资良机。

一般情况下，一只具有较大上升潜力的个股在展开主升浪行情之前，其股价就有了一定的涨幅，只是它的涨升是以较为温和的方式展开的，而后才进入加速上涨的阶段。有的投资者往往偏好那些从底部直接连续上涨拉升的品种，而这种个股多数都是受到突发利好的刺激走高的，很难从技术走势上判断和预测出来，具有不可预测的特性，属于可遇不可求的机会，不应成为我们追求的目标。在正常情况下，我们要寻找那些即将进入主升浪阶段的投资品种。就技术走势而言，是要适当地进行追涨，不要求抄到最低的底部位置。

根据以往的个股表现情况来看，那些即将进入主升浪的个股具有以下几个特点：首先是个股前期已经有了一定的涨幅，但向上的步伐比较谨慎，走势比较温和；第二是股价所处的位置并不低，有的是一段时期以来的最高位置，有的甚至还是在历史新高的基础上发力走高的；第三是在进入主升浪之前股价往往有横盘整理的时期，有的是小幅波动，有的则呈向上三角形走势，但无论哪种方式都经历了一定的盘整过程。就成交而言，除了初期放出巨量之后，后期的成交反而是逐步萎缩的，要启动之前的成交量都比较小。

从基本面角度来说，进入主升阶段的个股都是有重大的基本面变化或者是题材的个股，此时一般都是即将要公布其基本面信息，但在真正公布信息之后，其股价的上涨攻势往往就告一段落。有的信息由于对基本面长期的作用不大，在消息明朗之后，往往就是股价到达最高位置开始向下走低的时候了，所以，寻找这种上市公司的机会，一般不要从已经公布了重大利好的品种中选择。如果能够准确预测到其基本面未来可能的变化则是最为理想的了。

主升浪是指经过主力资金大举建仓，随后大举洗盘（不经历这两阶段不算），之后展开的大幅拉升的行情。主升浪行情是个股最大的利润阶段，主升浪持续的时间一般不会超过 3 年时间，上涨的空间则是根据公司的基本面来决定，有 100％、300％、500％，甚至 1000％以上。主升浪表现在周线级别的强势上升格局。

一、主升浪行情的三个阶段

我们用投资者最容易掌握的典型的主升浪形态分析进行精讲。要确认个股的主升浪行情，必须要分三步来走，即建仓期，整理期（洗盘期），启动主升浪。

1. 建仓期

指个股有大资金持续不断地买进。表现的特征为股价震荡上行，成交量出现间歇性放大，表现为阳线多，阴线小，阳线放量，阴线缩量；整体的成交量明显比下跌阶段放大。在底部区域这一阶段个股的强度开始发生表现，也就是会表现出来走势强于大盘，而不像之前一样没有资金关照，随波逐流。这个时候主力资金建仓结束的标志会出现一波强势放量（放大量）拉升，这波强势上升要求涨幅 30％以上（很多人认为这波就是主升浪，其实不是，往往跟进去就会出现整理走势）。随后股价回落，进入整理期，建仓期和整理期都是个股的底部区域。

2. 整理期

也是洗盘期，主力在基本达到建仓所需要的基本筹码之后，股价已有了较大涨幅，而参与其中的投资者也小有盈利，如果不把投资者清洗出来，势必在日后的上涨中出现大量的获利盘，不利于日后主力的获利了结。因此，主力就需要洗盘的过程，一方面清洗出投资者跟风；另一方面，也摊低自己的持股成本。为了达到洗盘目的，主力会挖空心思让不坚定投资者出局，另一方面也为了不引起市场的注意，方便以后的拉升。一般而言，有三种方式：

其一，凶狠的杀跌（快速下跌 20％－30％）；

其二，较长时间的窄幅震荡横盘（周线多周收盘价接近）（出现串阳或串阴走势）；

其三，大部分股票在整理期或出现上面二者兼有的走势。

总体来讲，洗盘持续的时间一般在 3 个月左右，甚至更长，这个时间和空间很大程度上取决于大盘的走势，洗盘要达到的效果是成交量较洗盘开始时有显著的减少，

一般会少到只有前期成交量的 1/5，甚至更少，也就是出现窒息的缩量走势。另外一种空中加油洗盘走势出现在超级强势股中。

3. 启动主升浪

在主力完成洗盘之后，投资者手里筹码已经不多，坚定看好的投资者，已经是铁定不卖股票，这个时候向上突破，在没有触及前期高点之前，卖盘是相当稀少的，股价能够快速返身上行。因此，一旦出现放量上涨，就是投资者及时跟进的大好时机。主升浪的启动往往具有以下特征：

其一，启动非常迅速（快速拉离成本区）；

其二，成交量在启动阶段快速放大（巨量/天量）；

其三，股价往往以涨停或大阳线形式出现。很多个股在启动主升浪的前几天会出现挖坑现象，以期更彻底地清洗出潜伏在个股中的投资者。

二、主升浪启动的典型标志

1. 刚开始启动就以涨停或大阳线突破近期的密集成交区。

2. 刚开始启动就以涨停或大阳线突破前期高点，创出新高（这是为什么我们每天都要去研究涨停板和大涨的股票的原因，因为出现涨停板很有可能就是主升浪的开始）。

3. 此外，还有一点需要引起投资者注意，即绝大多数股票的主升浪行情都是与股市整体的主升浪行情相一致的（在大市上扬时才做，或者至少大市处于震荡平衡区，而在大市单边下跌或者调整下跌状态下不做）。在股市走主升浪行情之际，个股的主升浪成功的概率将大大增加。少数个股的主升浪会先于大盘或滞后于大盘，但至少要求在它们向上突破之际，大盘保持相对的稳定。

三、主升浪应具备以下特点

1. 看股价：股价突破近一年内高点，甚至突破历史最高点，股价突破高位后稳住不出现快速回落。

2. 看涨幅：股价涨幅一般在 1 倍以上，个别股票涨幅在 70% 左右也会出现主升浪，涨幅不到 50% 的股票一般不会出现主升浪。

3. 看 K 线形态：在拉主升浪时 K 线形态为长阳长阴，与左侧小阳小阴形成明显的对照，K 线沿 5 日均线上升，收盘价总是不破 5 日均线，股价天天创新高或至少三天内必创一次新高。

4. 看均线形态：日线突破 250 天均线以下的所有短期均线，均线都呈多头排列，向上发散；周线突破 5、10、20、30、60 周短期均线，均线系统也要形成多头排列；月线也要突破 5、10、20 月短期均线，最好也是形成多头排列。

5. 看筹码：底部筹码单峰密集，股价越过筹码密集区，上方没有套牢盘。

6. 看换手率：换手率一般在 10％左右，换手率越低越好，在 2％－3％最佳，说明筹码锁定比较好。

7. 看成交量：5 日均量线大于 50 日均量线。

8. 看获利比例：最好是 100％，至少 90％以上。

9. 看集中度：90％处的集中度小于 10，或接近 10。

10. 看指标：MACD：日线在 0 轴以上第二次出现金叉，周线出现金叉平稳上行。

四、主升浪的形态

1. 抛物线形态

抛物线的第一个点必须是 K 线的最低点，也就是要寻找股价走势的阶段性低点。第二点一定要是这个低点的次低点；将股价走势中出现的两个点连接起来，就会自动的形成上升的抛物线。从抛物线的基本画线原则中能够发现，股价一直是跟随抛物线的走势进行变化，在上升抛物线中，股价的第一个低点和第二个低点，都是可以介入的点位；在股价的上涨运行过程中，股价不在抛物线区域内的时候，要考虑及时地卖出获利。

2. 反抛物线形态

反抛物线形态是股价从加速拉升到逐渐慢下来，缓慢爬升，最后走势趋于平缓的一种形态，此种走势是做多动能从强到弱缓慢逐步衰减的过程。起涨点是最佳的买点，买入之后可以一直持有等待走出圆幅顶的雏形可以考虑获利出局。

3. 台阶式上升形态

台阶式上升形态盘整期一般为 21 天左右，一般 4 个台阶达到最高点。第 3 浪往往是最大、最有爆发力的上升浪，这段行情持续的时间与幅度，经常是最长的，市场投资者信心恢复，成交量大幅上升，常出现图表中的突破记号，例如缺口跳升等。这段行情的走势非常激烈，一些图形上的关卡，非常轻易地被突破，尤其在突破第 1 浪的高点时，是最强烈的买进讯号。

五、主升浪个股的捕捉技巧

那么如何才能抓住个股的主升浪呢？

根据笔者的经验，在基本面各项条件都符合了之后，我们最终还是需要从技术上把握主升浪品种的投资机会。笔者一般选择主升浪个股的步骤是：

1. 首先选出近期股价创出最近一年来新高的个股，具体选股可以利用通达信软件的选股功能来实现，笔者编写的选股公式如下：

剔除次新：＝BARSCOUNT（C）＞200；

退前：＝REF［HHV（HIGH，250），10］；

COUNT（C＞＝退前，10）＞＝1AND 剔除次新；

2. 在第一步选出的股票中，继续选择周线 4 条均线形成多头排列的个股，其中 5 周均线、10 周均线、20 周均线都必须平稳向上运行，股价必须保持在 10 周均线之上。笔者编写的选股公式如下：

A1：＝MA（C，5）；

A2：＝MA（C，10）；

A3：＝MA（C，20）；

A4：＝MA（C，60）；

C＞A2 AND A1＞A2 AND A2＞A3 AND A3＞A4 AND A2＞REF（A2，1）

AND A3＞REF（A3，1） AND A4＞REF（A4，1）；

3. 在第二步选出个股中，参照日 K 线图，按照空中加油交易系统寻找买点进行操作。

下面，笔者举例说明最近几年按照此选股方法选出的主升浪个股：

先看一只 2015 年的主升浪大牛股：

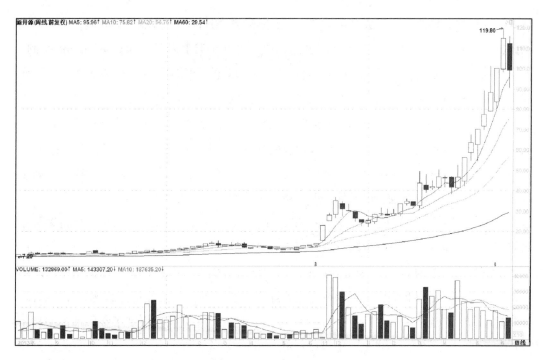

图 110　新开源（300109）

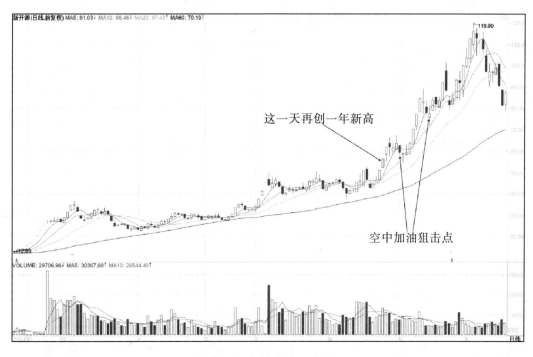

图 111　新开源（300109）

上面的图 110 是新开源截至 2015 年 6 月初的周 K 线图，可以看到从 2015 年 2 月 13

日这一周开始，均线系统形成多头排列，一直延续到 6 月都没有改变，期间股价最大回调未跌破 10 周均线。下面的图 111 是该股 2015 年上半年的日 K 线图，可以看到股价经过近两个月的强势震荡，在 4 月 24 日再度创此前一年的新高，均线系统也形成多头排列，此时该股周线也符合多头排列，现在就等待空中加油狙击点的出现就可以一举出击了。果然，4 月 30 日这一天该股跌破 5 日均线，缩量收阴，多头空中加油狙击点出现了，我们就以这一天收盘价买入。下一个交易日，该股继续回调到 10 日均线上下，继续给出买点，此后股价走出主升浪，连续拉升，由于均线的惯性上行 5 月 14 日一开盘，均线系统就出现了空中加油系统第三种卖出条件：上线距＞中线距，我们可以选择卖出。

5 月 15 日该股回调基本在 5 日均线和 10 日均线之间震荡，此时周线仍然保持多头排列不变，股价也在历史最高位附近，日线图又再度出现了空中加油狙击点，加之上一次买入获利幅度大概为 35％，远远不够主升浪应该有的幅度，而且当时大盘也没有出现明显的见顶征兆，所以我们仍然可以在当天收盘附近继续买入！此后股价继续沿着 10 日均线加速上行，在连续拉升之后，6 月 4 日一开盘，均线系统就再度出现了空中加油交易系统的第三种卖出条件：上线距＞中线距，我们此时应当果断卖出。从第一次买入，到中途卖出又买入，最后高位卖出，股价基本实现了翻番，达到了主升浪的上涨幅度。

下面再看一只 2016 年的主升浪大牛股：

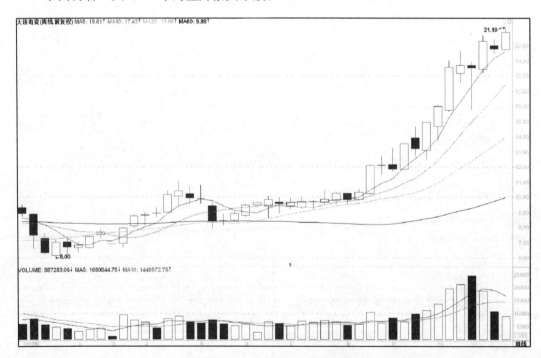

图 112　大连电瓷（002606）

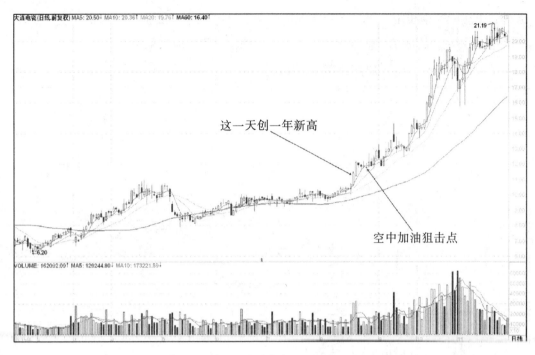

图 113　大连电瓷（002606）

上面图 112 是大连电瓷截至 2016 年 11 月初的周 K 线图，可以看到从 2016 年 7 月
1 日这一周开始，均线系统形成多头排列，一直到 8 月 26 日这一周 4 条均线全部开始
平稳上行。图 113 是该股 2016 年大半年的日 K 线图，可以看到股价经过一年多的反复
震荡，在 8 月 18 日再度创此前一年的新高，均线系统也形成多头排列，此时该股周线
也符合多头排列，接下来就等待空中加油狙击点的出现了。其后，8 月 25 日这一天该
股跌破 5 日均线，缩量收十字星，多头空中加油狙击点出现了，我们就以这一天收盘
价买入。此后股价继续沿着 10 日均线加速上行，在连续拉升之后，9 月 20 日股价冲击
2015 年最高点放量收阴，技术上可以做卖出处理。

但这一天的最高涨幅离我们的买点也仅仅 20％左右，还达不到主升浪应有的涨幅，
因此股价再度回调到空中加油狙击点，我们参考前面三个买入条件后仍然可以继续买
入。9 月 25 日该股回调瞬间下探 20 日均线，但此时投资者不应惊慌，由于该股其他条
件都非常完美，我们可以等到收盘跌破 20 日均线再做止损处理，但当天收盘重新回到
10 日均线上方。10 月 11 日出现上线距＞中线距，符合第三种卖出条件我们可以卖出，
10 月 12 日又回到空中加油狙击点，参考总体涨幅，以及三个买入条件，我们还是可以
继续买入。直到 10 月 20 日，均线系统就再度出现了空中加油交易系统的第三种卖出

条件：上线距＞中线距，此时不考虑中途的两次高抛低吸，股价离我们第一次买点已经有了 56％左右的涨幅，基本达到了主升浪的涨幅，我们应当果断卖出。

下面再看一只 2017 年的主升浪大牛股：

图 114　赣锋锂业（002460）

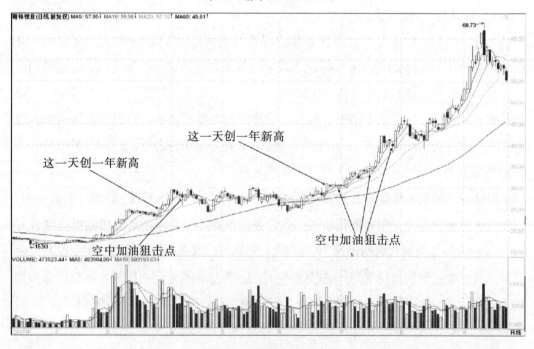

图 115　赣锋锂业（002460）

上面图 114 是赣锋锂业截至 2018 年 2 月初的周 K 线图，可以看到从 2017 年 3 月 31 日这一周开始，均线系统形成多头排列，经过十周左右的震荡蓄势之后走出了一轮主升浪大行情。图 115 是该股 2017 年全年的日 K 线图，可以看到股价经过大半年的探底回升，在 3 月 28 日再创此前一年的新高，均线系统也形成多头排列，此时该股周线也符合多头排列，空中加油狙击点在 4 月 11 日、12 日连续出现。但是，股价只拉升了一天，就开始连续回调，并于 4 月 20 日收盘跌破 20 日均线，我们此时必须按照交易系统所规定的严格止损，这一次失败的买点一共亏损 5.3％左右（买卖点均按照收盘价计算）。

但是，我们也不能因此而气馁，该股 6 月 26 日这一天再次创此前一年新高，标志着主升浪的开启，此时周线均线系统也是多头排列，紧接着 6 月 30 日就出现了多头空中加油狙击点，这一次股价顺利走出了主升浪，直到 7 月 24 日一开盘，均线系统就符合了第三种卖出条件，我们逢高出局。有了此前的经验，我们应该知道这只是主升浪的第　波，等待股价回到空中加油狙击点我们可以继续买入。此次买入之后先是上涨了 15％左右，但是在高位没有出现技术上的明显卖点，然后又陷入了复杂的调整，8 月 11 日股价收盘略微跌破 20 日均线，10 日均线也开始向下拐头，这都是我们交易系统中的卖出条件，照理应该坚决卖出，但是这里我们从周线看，8 月 11 日的调整低点刚好低于 5 周均线，来到了周线的空中加油狙击点，这里恰好又是周线上的买点，所以我们可以适当多持有两天，看看后续的走势。结果，第二天该股就拉出涨停板，重新走上正轨，此后一路加速拉升，直到 9 月 11 日均线系统再度出现第三种卖出条件，股价见顶，我们也顺利出局！

第二节

白马股行情特征

刚刚过去的 2017 年，蓝筹股、白马股纷纷扬眉吐气，在"二八分化"中迭创新高，"价值投资"成为市场的主流共识。过去一年多白马股领涨股指，有价值修复的因素，在 2014年—2015 年中小创、题材股被狂炒，和白马股的估值差距拉大到接近历史峰值，白马股的上涨和题材股的下跌有缩小二者估值差的因素在；其次是全球估值体系的带动，包括以上证 50 为代表的蓝筹股在全球主要股市中估值偏低，仅高于香港股市，而全球主要股市在 2017年都普遍出现了上涨，A 股白马股的走高也有被动追随的意味。另外，A 股入摩已成定局，2018 年 6 月将被纳入 MSCI 体系中，市场对外资配置 A 股的憧憬也支持白马股的走高。

事实上，2017 年白马股、蓝筹股的大面积走强只是表象，更深层次则是"价值投资"理念的深化。这一深化，并不意味着昔日的蓝筹股能够永远躺在功劳簿上供人膜拜，而是市场资金不断寻找具有发展潜力、高性价比的公司。下面，我们先来看看白马股的一般特征：

第一，信息透明。和黑马股有关信息尚未披露、业绩题材等具有一定隐蔽性、尚未被市场发掘、有相当大的上升机会等特点相比，白马股的业绩题材等相关信息明朗，为市场所共知。

第二，业绩优良。白马股为市场所看好的最根本原因是其优良的业绩，有较高的分配能力，能给投资者以稳定丰厚的回报。该类公司一般具有较高的每股收益、净资产值收益率和较高的每股净资产值。

第三，增长持续稳定。持续稳定的增长性是企业永续的根本，也是白马股的魅力之所在。上市公司总是想方设法来维持一个稳定持续的增长期，该期限越长，对企业越有利。企业增长性的具体表现是主营业务收入增长率和净利润增长率等指标的持续稳定增长。

第四，低市盈率。白马股股价一般较其他类个股高，但因其具备高业绩、高成长及市场预期好等资质，这类股票的市场风险却相对较小。即白马股集市场期待的高收益、高成长、低风险于一身，尽管有时其绝对价位不低，但相对于公司高成长的潜质而言，股价尚有较大的上升空间，具体表现为市盈率的真实水平相对较低。

鉴于白马股的上述特征，如何寻觅白马股便成为投资者苦苦追求的目标。就目前看来，通过对以下指标的综合运用，并结合上市公司 2017 年年报预告的有关信息来判别哪些个股具有白马的潜质，具有较强的可靠性。

1. 每股收益，0.25 元的门槛

每股收益又称每股税后利润或每股盈利，是公司税后利润除以公司总股本的值，该指标突出了分摊到每一份股票上的盈利数额，是股票市场上按市盈率定价的基础。

如果一家公司的税后利润总额很大，但每股盈利却很少，表明它的经营业绩并不好，每股股价通常不高；反之每股盈利越高，则表明公司业绩越好，往往可以支持较高的股价。一般而言，白马股的每股收益应在 0.50 元以上，因此白马股的条件之一是每股收益应在 0.25 元以上。

2. 每股净资产值

每股净资产值，3.00 元的起跑线。每股净资产值是公司股东所持有的每股股票所拥有的权益，是公司净资产除以发行总股数的值，是表明股票的"含金量"的重要指标，反映了每股股票代表的公司净资产值，是支持股票市场价格的重要基础。每股净资产值越大，表明公司每股股票代表的财富越雄厚，通常创造利润的能力和抵御外来因素影响的能力越强，也是衡量白马股的一个重要标准。

3. 净资产收益率

净资产收益率，10％的生命线。净资产收益率是公司税后利润除以净资产得到的百分比，用以衡量公司运用自有资本的效率，同时也可以衡量公司对股东投入资本的利用效率，用该指标来分析公司的获利能力比较适宜。由于有上市公司配股必须连续三年净资产收益率超过 10％的规定，10％的净资产收益率就成为上市公司的生命线，很多上市公司为保住这一资格而煞费苦心。若按这一标准的一半计，中期 5％的净资产收益率便成为上市公司必须越过的一道坎。

4. 主营业务收入增长率

主营业务收入增长率，30％的惯例。主营业务收入是衡量一个公司经营业绩是否稳定的重要因素，也是企业的主要利润来源。主营业务收入突出说明企业经营业绩稳健，经营风险较小。令人惊奇的是去年主营业务收入增长率排行前 20 名的上市公司中，今年竟无一家重登今年前 20 名之列，表明上市公司很难长时间地保持高速的增长态势，而新面孔中仍以去年微利公司居多，由于基数低，分母小，该类上市公司通过主业调整、及时转换产业便可轻易跃居增幅前列。在该项指标排名前 20 名上市公司中，资产重组板块占据席位最多，约75％，其他如环保、高科技等国家重点扶持产业仍具有相当的行业优势。

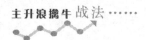

5. 净利润增长率

净利润增长率，30%的起点。目前已进入2017年业绩报告的预热期。在已发布业绩预告的1400余家上市公司中，11家净利润同比增幅超10倍，31家净利润同比增幅超5倍，多个行业龙头股力拔头筹。在预计净利润同比增幅最大的上市公司所处行业地位来看，最具价值的就是各行业龙头股业绩明显好于行业其他上市公司。"龙头"的逻辑正在被体现在财务数据上，真金白银的净利润才能证明谁是真正的"老大"。能否维持较高的利润增长率是上市公司业绩增长的根本。

6. 市盈率

市盈率，20倍以下的平均值。市盈率也是衡量白马股的重要标准之一，市盈率的高低表明其后市的潜力如何。一般而言，市盈率较低的股票大都为业绩优良的上市公司，由于种种原因其投资价值被市场和投资者所忽略。但是金子总是要发光的，白马股一定会最终浮出水面，走向其价值回归之路。以市盈率为参照依据挖掘白马股，不失为一条简明可行的选股之道。截至2018年2月14日深沪两市的平均市盈率（按2017年三季报算）为18倍左右，看起来非常低廉，但我们要知道市场中大部分利润都来自于几十家大盘蓝筹股，所以市场极不平衡，需要我们仔细分辨。

根据以上条件，我们很容易在软件中的综合选股功能设置相应的选股条件，如图116所示：

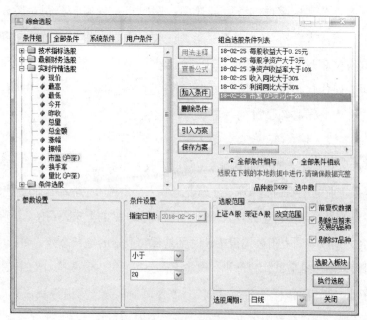

图116　综合选股

176

这样，我们就可以轻易地选出市场中的白马股了。另外，有些大盘蓝筹股业绩同样优良，但是每年的增长幅度却不高，我们也可以适当降低一下增长率，尽可能选出200 只左右的白马股来，作为我们操作的备选股。

这些白马股因为有基本面良好的业绩作支撑，因此，股价很容易长期走强，具体来说，其很容易出现月线、周线上面的均线系统形成多头排列，此时我们较好的是从周线上去发掘，往往都可以获得持续拉升较大的幅度。下面，我们就来看几个例子：

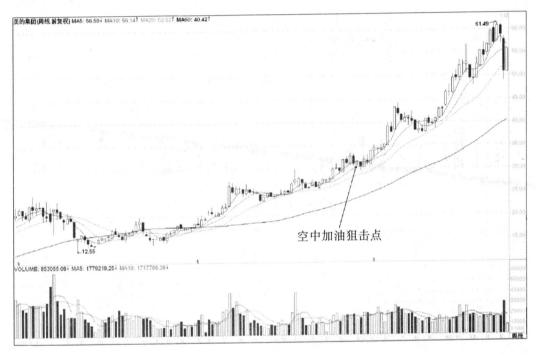

图 117　美的集团（000333）

图 117 是美的集团从 2015 年 4 月至 2018 年 2 月的周 K 线图，该股业绩长年稳定增长，完全符合白马股的要求。可以看到，在其均线系统形成多头排列，并且全部排列最为流畅的时候，给出了一次非常好的空中加油狙击点，此时介入，两个月获利50％左右。

图 118 是泸州老窖从 2016 年 3 月至 2018 年 2 月的周 K 线图，该股业绩保持稳定增长，完全符合白马股的要求。可以看到，在其均线系统形成多头排列，并且全部排列流畅上行的途中，都是以下影线的形式给出了两次非常好的空中加油狙击点，此时介入，股价仍不断上行，可获利不菲。

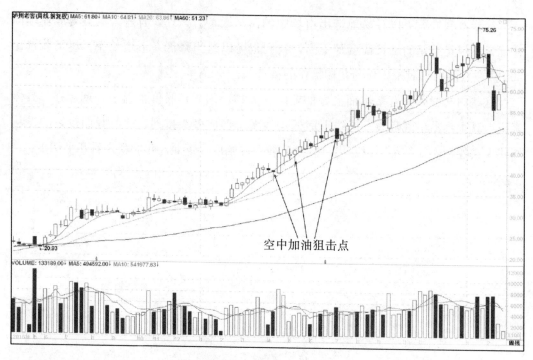

图 118　泸州老窖（000568）

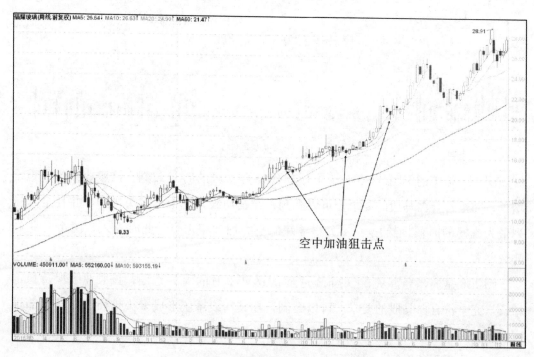

图 119　福耀玻璃（600660）

178

　　图 119 是福耀玻璃从 2015 年初至 2017 年底的周 K 线图，该股业绩长年保持稳定增长，目前已经成长为全球汽车玻璃龙头企业，长年保持高比例分红，完全符合白马股的要求。可以看到，该股经过 2015 年的股灾调整后，2016 年 8 月再次拉升创新高，并且周线上面也形成了流畅的多头排列，后面股价也适时给出了非常好的空中加油狙击点，此时我们依据空中加油交易系统买入，股价继续慢牛上涨，贯穿整个 2017 年，获利空间非常可观。

第三节

黑马股行情特征

黑马股是指价格可能脱离过去的价位而在短期内大幅上涨的股票。黑马股是可遇而不可求的，如果被大家都看好的股票就很难成为黑马了。黑马起初并不是股市中的术语。它是指在赛马场上本来不被看好的马匹，却能在比赛中让绝大多数人跌破眼镜，成为出乎意料的获胜者。时下，很多投资者对黑马的认识存在一定的误区，以为黑马股就是股市中的明星。其实，这个认识是错误的。因为黑马股不是令人瞩目的明星，也不是涨幅最大的个股，而是投资者本来不看好，却能够异军突起的个股。所以选黑马的技巧不是选人人都知道的强势股，而是要透过现象看本质，从大多数人都不看好的个股中选出来的强势股。

在大牛市中，黑马满街跑，但是烈马难驯，很多的人因为半途介入，加上马背功夫不够，一经震荡就跌下马来，等爬起来，黑马已经跑得很远，追都追不上。要避免这种情况，最好是在黑马还在起跑阶段就及时上马，这时选黑马的技巧就很重要。观察历史上的大黑马都有三个共同的特征：

第一，形态。绝大多数的黑马股在启动之前都有一段较长的吸筹期，时间为1—4个月，甚至更长。表现在K线形态上，就是较长时间的横盘。低位的横盘并不代表庄家吸筹基本完成，若过早介入，你的资金将被锁定相当长的一段时间，这在资金的全盘调度上是极不合算的。一般说来，若低位的筹码呈现松散状态，表明整个局势处于横盘吸筹的初期，后面的路程还很漫长，不必急于介入。到了横盘的后期，低位的筹码会在指标上形成极度压缩的情况。凡是压缩得越扁越长的，甚至形成了细线状的，更是佳选，因为此种品相不仅表明了横盘吸筹的基本完成，更表明了庄家超强的实力与决心。

第二，K线形状。黑马股在底部横盘时的K线形状往往具有鲜明的特色，不仅排列得十分紧密、整齐，而且呈现出一种碎粒状的样子，也被称为"小豆排列"。其实，"小豆排列"的情况相当常见。区别在于：黑马股的小豆排列一是位置低，与其他股的中高位横盘不一样；二是时间长。黑马股的小豆排列往往贯穿整个底部横盘时期，若在启动时采用"小慢牛"的方式向上拉升,这种小豆排列的情况将长期延续,甚至会伴随股价升至令人难以置信的程度。小豆排列表明股价的振幅很小,庄家不仅掌握了较多的筹码,而且有较强的控盘能力。

第三,量能。绝大多数的黑马股在底部横盘时期的成交量均会大幅萎缩,在成交量指标上会形成均量线长期拉平的情形,犹如用细线穿起了一串珍珠。但应注意,直接目击测量虽然有着直截了当的效果,却不如用技术指标来得精确可靠,因为有的个股会出现成交量大幅萎缩,但量能指标仍没有调整到位的现象。

此外,对国家最新的大政方针以及最新发生的事情,要迅速并善于深入、细致地分析,看看这些消息对哪些个股是利好,并从受益个股中找出最可能成为黑马领头羊的个股,及时买入。下面我们就来看看几只典型的黑马股的走势:

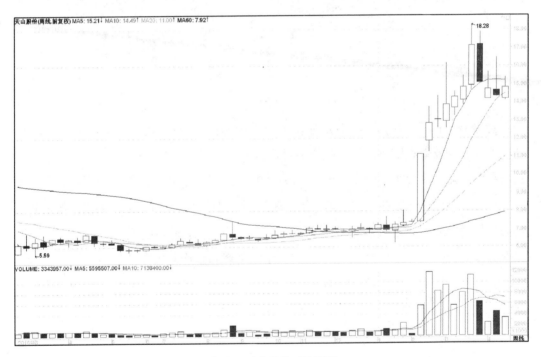

图 120 天山股份(000877)

图 120 是天山股份从 2016 年初至 2017 年 4 月的周 K 线图,这就是一个典型黑马股的走势,从 2016 年初开始该股一直在低位窄幅震荡,其走势完全符合前文三个条件:长达一年的低位横盘;K 线形态全是颗粒状小豆排列;成交量持续萎缩。股价运行到了最后,周 K 线图上均线系统也形成了多头排列,在股价起涨的那一周,最长的60 周均线也走平了。下面我们再来看它的日 K 线图走势:

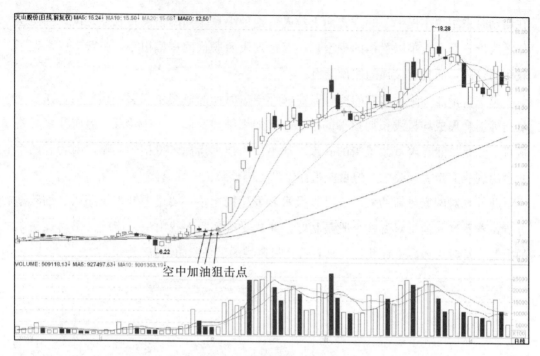

图 121　天山股份（000877）

从图 121 上可以看到，该股从低位连拉六根阳线，使周线形成多头排列的同时，日线也同时形成多头排列，此后股价缩量回调 4 天，其中启动前的三天都是蜻蜓点水式的小幅跌破 5 日均线，给我们留下了极佳的买入机会。

最后，在大黑马启动之前，消息面的配合也天衣无缝，2016 年下半年开始，我国水泥价格持续飙升，这种上涨一直持续到 2017 年。据了解，进入 2016 年冬天以后，国家相关部门围绕水泥企业的"去库存"、错峰生产和限产政策紧锣密鼓地召开各种工作会议。就在这个关键时刻，天山股份果断启动了，一启动就是 4 个涨停板，此后又继续反复上行，总体涨幅达 140％以上！充分显示了黑马本色。

第四节

次新股行情特征

新股次新股板块历来为广大投资者所重视和追捧，到现在也是如此。之所以这样，大致有以下几点原因。

一、次新股被追捧的三大原因

一是由于新股次新股的筹码收集较易。新股如果有大资金介入，都属于大资金建仓的性质，资金成分比较健全，后援资金也较充实。

二是新股在上市之前刚刚经过基本面的"全面体检"，在上市后的一二年内一般经营业绩较好，资本公积金和未分配利润较多，新股东可以和老股东共享上市前的利润积累。特别是在目前年底来临之际，年报的高送配题材历来是重点集中在新股次新股上。

三是新股次新股上档套牢的筹码较少，无老庄出货的后顾之忧。经过充分换手与调整的次新股只要主力有足够的底气，上涨行情就能够持续下去。

尽管如此，广大中小投资者在投资新股次新股时一定要注意策略和方法，才能战胜主力获得收益。在投资标的的选择上，投资者一是要选择行业前景广阔及成长性较好的股票，个股在行业内具备优势地位最好。在年报期间，对没有把握的次新股宁可先放一下，待考察后再做决定。二是要选择股本适中的新股次新股。这是因为股本小的股票主力控盘所需要的资金量较小，具有较强的股本扩张能力，更有利于主力的炒作。在目前市场资金面较紧的情况下，中小盘股自然容易受到投资者的青睐。三是选择有题材的新股次新股。所谓的题材包括的范围很广，像有独特的行业面背景，如环基因测序行业的龙头新股华大基因就大受投资者欢迎，又如 2017 年底天然气供应紧张之时上市的贵州燃气等。

二、介入次新股的三大条件

在投资时机上，投资者应有耐心。新股刚上市时一般连续几个涨停板，或者多的有十多个涨停板，打开后高开低走的占绝大多数，新股次新股的炒作都要经过筹码收集和洗盘的过程，需要一定的时间。因此一般在新股上市后两三个月后介入为宜。具体到个股：

一是看打开涨停板首日的换手率。

如果打开涨停板首日换手率超过80％，则有可能是主力的短线炒作行为，投资者要慎防风险，耐心观望，待底部出现后方可介入；如果首日换手率在60％－80％，则是受到市场正常追捧的表现，低位缩量时可介入；如果首日换手率在60％以下，则在股价下跌后总的换手率达到200％方可介入。

二是看成交量。

一般而言，一只新股上市，成交量会随着时间的推移逐渐萎缩，当该股日成交量萎缩到流通A股的0.3％左右时，可以试探性地建仓，一旦放量上攻则可以加仓。

三是看K线图。

当新股上市后在日K线图上走出二次探底成功的情况时，应果断介入，在三次探底时，更是加码的良机。

总之，考虑到上述三点，加上结合大盘所处的位置，则可以大大降低操作风险，获得投资收益的可能性大大增加。

本节主要讲如何优选次新股以及次新股的实盘操作案例。上证指数从5000到3000点，大多数个股和板块走上紫禁城之巅后，又一路狂泻，直到现在都萎靡不振。唯有一个板块，赚足了眼球，吸足了资金的注意力，轮番炒作，在熊市成交量低迷的情况下，经久不衰，甚至比牛市更猛。这，就是次新股。新股从上市首日起，连续涨停板，许多次新股打开涨停板后仍能继续暴涨，已经成了熊市后的常态。大家回想一下，其实从2014年末的牛市开端，到5000点的顶峰，次新股似乎都没有这样疯狂，那么为何指数从巅峰跌落，次新股的盛况却愈演愈疯狂呢？

次新股的上涨主要源于两方面：一方面，新股中签率低，稀缺性遭资金爆炒；另一方面，次新股股本较少，流通市值较小，套牢盘轻，会引起资金反复关注。

次新股的炒作，参与过的朋友，目前已经感受到了，高风险，高收益。有的人，在次新股行情中滚动操作，甚至快速翻倍；但有的人，追高次新股，却在几周之内，惨遭腰斩。不得不说，炒作次新股就是在刀尖上跳舞，高手与新手常常同路不同归，冰火两重天！

今天，我们就来讲讲次新股的选股、操作思路，讲讲如何参与这个激情的板块能够安全地分到一杯羹！这里的操作思路，并不是一个生硬的指标选股，而是讲逻辑、讲原则，希望大家能从中得到启示，真正提升自己多维思考的能力。次新股不同于任何板块，一个方法不可能一直适用，因为次新股炒作的节奏变化太快、太多样，影响它的因素太多。所以，要还原事物的本质，搞清楚内在的炒作逻辑，万变不离其宗，只有在明白内在原理的情况下，才能随机应变，百战不殆！

首先，我们来回顾一下近两年的次新股历程，在 IPO 重启之后，新股从发行、定价、申购、首日上市的涨跌幅机制，都做了很多改革。新股在发行上市时的 20 倍市盈率附近的指标性定价，限制了市场机制在发行定价上的影响。所以，新股在发行后，会在二级市场上以连续涨停的方式，去达到一个市场认可的价格再开板。

其实 20 倍市盈率的低价，真的低吗？其实不低，很多公司上市前，甚至在极力地粉饰业绩，如果以其常态的盈利水平算，其发行价市盈率甚至一开始可能就是五六十倍，甚至上百倍了。所以，一些新股的发行价并不一定就是低估。（当然，也有一部分优质公司确实被低估了。）那既然发行价本就不高，为何还能连续涨停呢？这里就要说到大家熟悉的流通盘的原因了。无论盘子大小、公司优劣，几乎所有的新股连续涨停后，开板时间点，都在流通市值涨到 10 个亿以后。这里就出现了新股定价的第一个要点：

市场共识，流通市值不达到 10 个亿左右，不开板。当然，这个数据，每一阶段都会随大盘行情变化，但短期内，不会太多波动，大家自己注意留意就行。这里大家不用纠结，为什么是一个 10 亿的开板起步价？大家只要知道，在目前 3300 点的位置，这已经达成了一种市场共识。中新股的朋友，在这之前不用出货。想买新股的朋友，在这之前你也买不到。

三、次新股的特征

为什么开板后，新股还能继续反复炒作，甚至一些股屡创新高呢？这就要说到开板后的新股的特性了。

1. 引力大。市场都是喜新厌旧的，对于一只刚上市的新股，各路资金都充满好奇。对它的了解也不够深入，业绩、业务，甚至就是一个名字，都能让人无限遐想，对它的想象空间是不设上限的。

2. 筹码搜集容易。连续涨停的新股，造成了从开板的那天起，获利盘就心花怒放地拿着钱出逃，筹码十分松动，换手率高。主力要想在几天之内拿到足够的筹码，快速炒作再获利，只有在次新股上才能实现。所以，无比松动的筹码，造成了天量的成交，让新进主力能够迅速搜集筹码，形成控盘，为第二春做好准备。

3. 筹码分布。新股都是在创新高的情况下开板的，开板后，上方没有套牢盘，向上也就没有压力。很多新股开板后，经过一轮筹码洗牌，新进的筹码都处在同一起跑线上，次新股涨得越快，获利越大，筹码越牢固；筹码越牢固，拉升就越容易，产生良性循环。

4. 高送转预期强烈。股价高，股本少，盘子小，资本公积和留存利润高，使得存在高送转的炒作预期。

5. 供求关系。新股发行带有计划节奏性，虽然大盘资金缺乏，但在资金热捧次新股的情况下，这个局部热点依然处于供不应求的状态，使得次新股筹码成了抢手货。再加上大盘总体环境不好，市场热点稀少，资金缺乏。主力资金与散户达成共识，在次新股上抱团取暖，制造赚钱效应。

2017年以来，IPO加速，每月发行数量几乎翻倍，并且大量盘子巨大的工业股、银行股、证券股也恢复发行，逐步改善了供需关系。大家应该也发现了，最近几个月，很少再出现开板换手后，立马再连续涨停的个股。个股分化严重，一些股开板就奔腰斩去了，但仍然有一些股十分活跃，赚钱效应良好。所以，现在并不是随便逮只次新股就能赚钱的时候了，需要我们筛选、优选！

四、筛选次新股的六大要点

以下，就来讲讲当前大盘点位下，笔者对次新股的选股和操作思路。

1. 流通市值越少越好，9亿—15亿为佳。盘子越小，主力越容易控盘，炒作起来更轻松。

2. 业绩稳定，甚至大增，财务指标高（每股公积、利润），流通盘2000万股附近最好，最好不超过5000万股。这种次新股，高送转概率大。

3. 题材具有以下几点为宜：科技含量足（江丰电子、康泰生物），噱头多会搞事

（华大基因），业务特殊（寒锐钴业），主力无脑控盘（药石科技）。总结到一起，就是想象空间！

4. 相对价低的，基数就低，炒作起来有空间，如江丰电子、康泰生物。回看兰石重装，是 2014－2015 年最牛的股票主要原因是仅有 1.02 元的低价股吧，仅仅半年时间涨了三十几倍！

5. 板少，就是没几个涨停板就开板了的，比如来伊份、通用股份。

6. 尽量选择有实力的主力刚开始介入的，如温州帮（野蛮主力）操刀的宏盛股份、来伊份等个股。

五、次新股的介入点选择

说完选股，我们来说说介入点。

1. 时间点选择，从年内的周期看。每年的 4－7 月的中报行情，10 月－次年 1 月的年报行情，是次新股比较活跃的时期，业绩预增和高送转预期，会给予行情催化剂。比其他版块更加有表现力。2017 年 10 月第一天开始，次新股就飞起来了！

2. 目前行情下，开板当日，马上又出现连续涨停的情况已经很少了，主要是由于 IPO 加速缓解了供需矛盾，所以，再好的个股，笔者都不建议开板当日去碰，不是说不会涨，只是会看不准，成功率相对降低！只有确认有如像温州帮（野蛮主力）这种大资金刚介入的可以参与。

3. 股价横盘阴跌后，下跌速度减缓，成交量在某日分时上突增，成交量排列有出现凹形的预期，可以考虑介入。

并不是说只有这种形态会涨，只是在目前行情下，这种介入相对安全，且成功率较高。

六、次新股的选股原则

次新股操作千变万化，没有固定的模式，暴涨暴跌幅度大，所以在掌握了一定的选股和操作技巧的同时，还必须坚持一定的原则，才能保证资金安全，同时获得超额的稳定收益。以下几点是我做次新股的原则，供大家参考。

1. 没有 80% 以上的成功率把握，绝不重仓做次新股，平常都以轻仓做为主。大概率大仓位，小概率小仓位。

2. 下方没有均线支撑，或放量下跌破位的次新股，绝不抄底介入。

3. 不符合以上选股条件的股，尽量不参与。

4. 必须带好止损，如果介入后发现错误，有效跌破 10 日均线或分时均线，或者达到其他条件的止损点，都要无条件止损！这一点很重要！！！大多数人为什么次新股套 20%－50%？你敢去炒次新，却不敢接受做错的现实，只能越陷越深。

5. 临近限售股解禁，或解禁后的次新股，不再关注，或者不再当作次新股来做。

6. 绝不拿长线，特别是上市一年内的股，这个万一套起来，股票质地又不好，就一套一万年了。

以上就是笔者对次新股炒作的逻辑、选股、操作、原则。不过还有三类人，不建议做次新股。

其一，股市新手。

其二，赌博情绪浓厚的人。

其三，性格犹豫，瞻前顾后的人。

下面，我们来谈谈哪些属于好题材：

业务：电子、网络、生物、医药、新材料，等等。或者在行业内：处于垄断地位，业务很特殊，门槛较高的等。反正就是要有想象力，让人有想象空间。传统行业，几乎都比较弱。

下面我们简单回顾一下 2017 年的几只典型次新股的机会：

图 122 是华大基因上市之初的走势图，该股在基因测序行业是当之无愧的霸主，基本面光环早就炒得火热。技术上，该股打开涨停板第二天便收出一个跌停板，可谓让人跌破眼镜。但是我们仔细观察可以发现，跌停板的成交量相比前面两天都明显下降，显示前两天建仓的大资金并未全身而退，而其盘中走势也是在尾盘几分钟才跌停，非常勉强。日 K 线上，股价回到 5 日均线下方，符合我们空中加油狙击点，此时是最佳的买点。如果因为担忧而错过了第一买点，那么在第二天走出阳包阴之后，第三天再度缩量回到空中加油狙击点，就是最稳妥的买点了，此后股价连续拉升，直到出现第三种卖点。

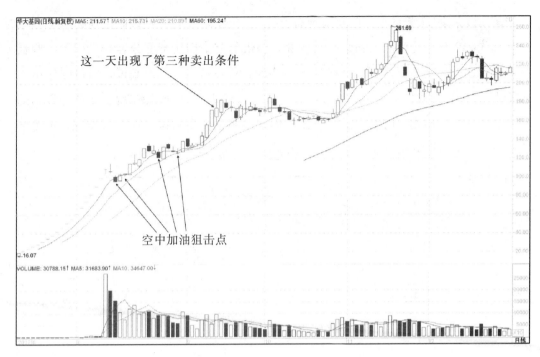

图 122 华大基因（300676）

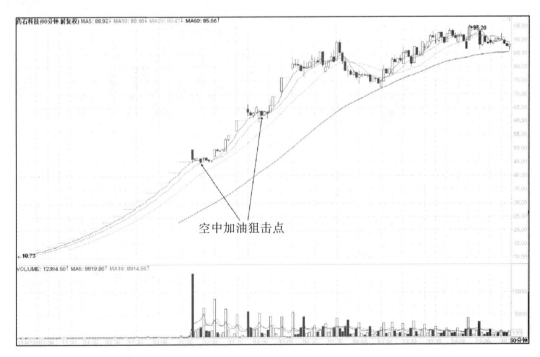

图 123 药石科技（300725）

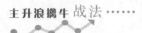

图 123 是 2017 年底上市的新股药石科技的 60 分钟 K 线图，该股是药物研发领域全球领先的创新型化学产品和服务供应商，提供的分子砌块被部分客户应用于一些临床开发阶段的新药项目，该股因而具备独特的高科技概念。一般来说，新股炒作第一波会在 60 分钟形成良好的买点。该股也是如此，图中可以看到该股在 60 分钟级别的两波拉升，都在启动之前给出了明显的空中加油狙击点，从第一次买点出现，短短十余个交易日，该股就达到了将近 100％的涨幅，获利空间极为可观。

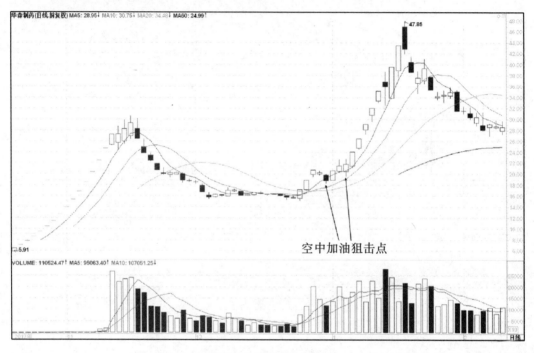

图 124   华森制药（002907）

图 124 是 2017 年底上市的新股华森制药的日 K 线图，大部分次新股在刚刚打开涨停板之初一段时间都难以出现持续性行情，这样我们就只能尽量把握其第二波的拉升行情。华森制药在充分调整之后，接近 2017 年底又拉出三个涨停板，强行将均线系统扭转为多头排列，然后该股缩量回调，给出了明显的空中加油狙击点，此后该股又马不停蹄地连续涨停，短短八个交易日股价就实现了翻倍暴涨，我们按照交易系统的买点介入就可以获得短线巨大的利润！

长线大牛股特征

　　整本《孙子兵法》对如何行军作战着墨并不算多，在更多的篇章里，孙子则充分诠释了其"不战而屈人之兵"的思想。在谋攻篇中，孙子充分讲述了兵之道，在于伐敌，在于谋战。他说"上兵伐谋，其次伐交，其次伐兵，其下攻城"。也就是说，战争，最好的方法就是——不战而屈人之兵，以最小的损失战胜敌人。

　　不战而屈人之兵，可以说是孙子对于战争思想的一次极大推进和创新，有句关于战争的经典论断："战争是政治的延续。"那么孙子就通过这句话将战争又回归到政治渠道上来解决。这其中又包含了孔子的仁道思想，那就是君以仁爱治天下，不以暴政统天下。可见，在一定程度上，孙子的战争思想又受到了儒家思想的影响。

　　在现代社会，孙子不战而屈人之兵的思想影响尤其大。军事领域，由于现代战争的惨痛代价和巨大消耗，以及带来的诸多无法估算的负面影响，尤其是给战争国带来往往无法承受的经济损失，使大规模战争的爆发成为一种过去，只有利益的冲突和小范围的军事冲突，或者绝对的以强欺弱的存在，各大国之间已经慢慢地趋于一种军事博弈，而非以往的军事对峙。也就是说，现代世界的大国和强国的利益冲突的解决不再是战争解决法，而是不战而屈人之兵，就从中国来看，我们出兵用武的可能性已经不大，那么不战而屈人之兵就是我们最好的战略方针。

　　在股市中，不战而屈人之兵也是最高明的手法。多数投资者都习惯于短线操作，这是因为大多数人眼光就只能看到短期的波动，或者即使看到了长线趋势向上，但却受不了短期的波动，总想躲过短线的调整而不断去操作。而长线持有看似简单，但却必须要求投资者达到相应的那种"境界"。长线投资不能是被套后的无奈持有，也不能是一味不管涨跌的死板持有，那样就完全成了股东了，真正理想的长线投资是需要把基本分析、技术分析的精髓融会贯通，找准长线大牛股开启上升阶段的时机买入并持有，日常小波动都不为所动，胸有成竹、云淡风轻、坚定不移地在股票的长期上升趋势中一路持有，这样的投资累计收益率远远超过了短线操作，这或许才是笔者在本书开头提出的投资者十大层次中最高级的境界。笔者目前恐怕还达不到这样的境界，但这是每一个职业投资者都梦想达到的最高智慧。下面，笔者就结合最近几年出现的一批大牛股，综合基本面和技术面进行分析，以求找出其规律。

（一）长线大牛股的基本面特征

在牛市中，长期持有与短线持有就像真理与运气的较量，什么股票都涨，买入股票后跟着牛市赚钱是真理，因为大趋势是上涨的，当然中间会有调整，不过整体上涨是这个时期的主题，许多神棍之所以成"神"，道理就在此。而短线持有就靠运气了，一般在牛市中也会赚到钱，总是在各只股票之间跳来跳去，看到哪只涨就跳进去，这时涨得也差不多了，又看到另一只涨得猛，又跳过去，情况一般也是差不多。如果运气好，跳来跳去都遇到发力猛涨，那自然就多赚了。可回忆一下自己的操作，是否有这样的运气，大多数人都说："从2008年底到现在，如果我坚持拿住其中任何一只股票，赚的都会比现在多。"证明很多人并没有很好的运气，有时候不得不靠点运气，但无论在何事中，应尽量降压运气所占的成分。但话说回来，别看股民都这么说，但下一次牛市他照样是短线客，所以我的总结就是相信人的智商，但对智慧持怀疑态度。

在熊市中，长期持有与短线持有就像傻子与疯子的对舞，什么股票都在跌，好公司差公司一起跌，眼看股价一天天下跌，对财富缩水无动于衷，还在那儿高举"价值投资"大旗坚持长期持有，不是傻子是什么？投资信仰要帮助赚钱，不能成为信仰奴隶，在时需要"急功近利"一点，不适合无为而治，是无为而治出轨的时候，需出手矫正投资组合，防止"镜中花、水中月"。还有"疯子"，试图在熊市的反弹波浪中获利，以为自己是"冲浪高手"，以为在拍电影啊，这样的桥段是很有英雄气概，但在实现中要成熟，只想赚钱，不想做英雄。

我们总是以为沪深市场长线持有是不能获利的，除非买在市场的大底。不过如果将最早上市的一批股票进行复权我们就会惊讶地发现，其中有相当数量的股票在2017年创下了历史新高，其中很大一部分公司的历史差价达到几十倍。换句话说，即使是在以前的最高点买进，到2017年仍然获利相当丰厚，表明这些公司是具备长线持有价值的。笔者根据以往股市大师的经验总结为以下几方面：

第一，五招发掘优质股

股市历来是个充满风险的场所，你看看，人家美国的花旗银行、美林是一个多么优秀的上市公司，可是，突如其来地先后宣布巨亏，给不少投资者上了一堂警告意味不小的风险课。华尔街一直被喻为投资者的天堂，同样华尔街也上演着一幕幕让人心酸的血泪故事。

很多的文字里，笔者谈的是风险，一个投资者不懂得防范风险和有效规避风险的话，那不难想象他的投资生涯会是多么艰难。

1. 绝对的垄断性。优质股上市公司的一个显著的特点就是资源或技术上的绝对垄断，只有它"有"，只有它"能够"，而且市场对其产品和技术的依赖程度很高，缺之不可，少之不行。

2. 产品单一，有着比较可观的毛利率。优质股上市公司主营业务集中，整个上市公司往往就是一个拳头产品，产品市场覆盖率占有率相当高，一般说，企业没什么库存，没什么积压，几乎是随产随销，而且不少用户担心安排不到货源，而纷纷提前支付货款。另外，产品的毛利率水平不小于30%。

3. 有一个积极向上、认真负责、敢于创新的领导班子。巴菲特先生说过一句话，笔者觉得很经典，他说，投资上市公司其实就是投资这个公司的董事长。一个作风优秀、管理认真、经验独到、雷厉风行的董事长所掌管的企业，肯定会很出色，这和成天花天酒地，不务正业的混混型"总裁"完全不同。

4. 优质股上市公司必然具备复合增长的成长性。在能够预计到的5—10年间每年利润增长不小于30%，所在的行业必然是朝阳产业，而且自身也具备行业领袖风范。对产品定价有着绝对的话语权。比如现在国家不断限制石油等价格上涨，可是最近几年里，茅台就反复提价了5次。

5. 优质股的总市值不可太大。初选初买的上市公司股票，一般总市值不可超过100亿，应该在50亿到100亿之间比较理想，当然还要结合公司所在行业具体考量。这些指标太大，往往很难保证未来年份里公司总市值的成长空间。炒股永远都是炒预期，一个行业里总规模就那么大，总市值太大就没有了高成长的预期。

第二，长线牛股难成"大众情人"

长线牛股的长期持仓要忍受常人不好理解的痛苦，可以说长线获利就是漫长的市场折磨所换来的。市场的大幅波动可以轻松地吃掉原有持仓的大部分利润，最难以忍受的是这种回折往往还是你认为确实要发生的，也就是说你眼睁睁地看到利润回去，这就如有人在你有准备的情况下抢走你的钱一样，这种痛苦你理解吗？你能接受吗？这也就是长线牛股难成"大众情人"的重要原因。

长线交易最重要的是保持客观和遵守纪律，在很多情况下要放弃你自己鲜活的思想和判断，但结束一次成功的长线头寸却可以获取令人羡慕的回报，这也是长线令人向往的原因。

第三，不懂的我就不投资

我们的注意力在公司的赚钱能力上，关注从现在开始的未来 5 年、10 年的收益，如果我们认为它的价格跟赚钱能力相比很值，我们就买，能够这样赚钱的公司是我们关注的，如果我们不了解，我们就不投资。我们要确定我们选的是对的，但是对于不懂的我就不投资。如果有 1000 只股票，对 999 只我都不知道，我只选那只我了解的。

第四，牛股是如何炼成的

通常讲，只要投资者通过精心筛选，好字当先，按照"优中选优"的原则选出潜在牛股，顺着股票长期趋势线的下轨附近耐心吃进。一经买进，应该坚定信心安心持有，而在随后的过程里，投资者只需要多注意下上市公司年报情况就可以了。

股市无专家和高手之分，牛股其实说来说去就是用最简单的方法去炼成，投资者圈养牛股的技巧就是宁静致远，简单取胜。

第五，四步长线选取价值股

第一步：建议投资者朋友用 1 个月的时间把市场中属于和符合这 4 个类型的个股全部找出来，集中分析。

第二步：逐步排除进行细选。总市值大于 500 亿的去掉，公积金每股少于 2.0 元的去掉，关联交易占公司净资产 25% 以上的去掉，每股现金流少于 0.50 元以上的去掉。为什么这样排除掉，道理很简单，不具备这些条件的个股后续股本扩张能力必然有限。

第三步：4 大类板块的粗筛和细选完成后，还会有二十多个这样的个股，这显然还是太杂、太乱，杂乱分散是长线投资的大忌。在剩下的时间里，我们就应该开始做"好中选优"这个工作。"好中选优"的原则是，在同类企业、同类行业中进行横向比较，谁的经济指标突出，谁的市场竞争能力强大，谁的创新技术领先就选谁。

第四步：对涨幅已经巨大的，短期股票价格上下差异有几倍以上的股票排除，老股票价格高了，就选新股票。

做好这四步，通常我们就取得了最后集中出现 3—5 个之内的品种，这样"千里挑一"选出来的股票就具备沙里淘金的性质，这些股，长线持有下去将获得比黄金比钻石都珍贵的投资收益。投资者利用家庭的富余资金一经买进，长线珍藏就是，无须你天天看盘，天天唠叨。

不得不说的问题就是，选好股，不难，很多人，很多投资者很会发现发掘各种各样的"白马""黑马"，可是，他们就是持有不住，把握不稳，往往在大涨前就脱手了。

在市场中越自以为是，自作聪明，越频繁操作的人，往往是捡了芝麻丢了西瓜，这样的人，心态个性脾气都不沉稳，患得患失的心理成为他们投资买卖的最大忌讳。

第六，寻找"伟大的公司"

国内曾经有机构在两年前的一份专业报告中专门提到"垄断性投资价值"这个概念，应该讲，这个概念不但是当时有效，现在有效，未来更会有效。当初，我们重点分析了 A 股市场中贵州茅台、中兴通讯、盐湖钾肥、用友软件、上港集箱等这些股票，时隔多年再回首，笔者发现，具有"垄断性投资价值"的股票，即使在现在基金和机构投资者队伍不断壮大的今天，还是不可避免地被当作一种"投资价值题材"去炒作。为什么这样说，很简单，这些股票在每一份季度和年报中，总有新老基金和机构不断地和散户一样进进出出，这显然还没有被职业价值投资者坚定持有不动去对待。

寻找 A 股市场中"伟大的公司"，是新时期摆在我们亿万投资者面前的光荣而艰巨的工作。不得不承认，这个工作异常艰苦，也许，我们付出毕生的努力都难以寻找到，或者是只有擦肩而过之缘，却没有终生相随之份。但是，必须承认的是 A 股中"伟大的公司"只会与"伟大的投资者"相逢相拥。没有偶然，没有巧合，只会必然。

第七，不得不反思的几个投资错误

用金子的价钱你去买金子，这不叫投资，你这叫消费。真正的投资是，你用破铜烂铁的钱买到了金子！有人会喊，我买不到啊！笔者要说的是，在大盘恐慌性杀跌过程中，在市场投资气氛低谷的时候，精明的投资人士却始终能够看到潜在的价值投资机会。

股票不是生活的全部，人生还有比股票更宝贵的东西。而人生中，很多东西一旦失去了，就永远不再回来！比如青春，比如健康，比如家庭的幸福，等等。股市的钱是永远赚不完的，只要认真总结并积累经验，只要持之以恒提高自己的投资水平和技巧，既栽"摇钱树"，又有"摇钱术"。

第八，买得好、守得住、卖得精

无数的事实说明，时间是任何一只牛股顺利孵化的重要条件，抵御和抗拒市场诱惑，安心守候自己精选的价值投资品种，是实现投资收益最大化的唯一有效方式，而这其中频繁地追涨杀跌，换股换仓是最大的忌讳。

说到卖，人们很容易想起那句耳熟能详的话："会买的是徒弟，会卖的是师傅。"

我们必须牢记任何技术指标都是有缺点的。技术分析只不过是相对某个时期，某个阶段可能有效的一种分析判断方式，但它绝对不是完全有效的东西。去年"5.30"事件中，不少技术派人士深受重创，应该值得我们铭记，A股市场的预计和判断分析必然走基本面、政策面、技术面三者结合的道路，相辅相成，缺一不可。

在股票操作中，知识不是力量。知识只有通过非常艰苦和痛苦的训练转化为实战操作水平才是力量！在达到这个层次之前，自以为是的知识和经验是你成为井底之蛙的守护恶神，它可以阻止你任何思想上的更新和进步，使你永远成为初级投资者，并不断重复下去。

第九，长线投资六不宜

其一：无法区分价值趋势和技术趋势的不适宜；

其二：所投资金随时需要提取不适宜；

其三：没有超凡的平稳心态、没有超常的忍受定力不适宜；

其四：在小家庭财政没有独断能力、在股市没有足够的思想独立性不适宜；

其五：个性急躁、情绪波动性大，口是心非、朝令夕改的性情不适宜；

其六：无法区分、判断股市牛熊之别，对大势判断或行业周期冷暖变化无深刻认识不适宜。

可以小看自己，但千万不能小看市场，把心态放平和些，做做中线波段操作，选些盘底个股等庄抬轿，不失为强势中一种以不变应万变的操作手段。黑马、快马、疯马并不是一生下来就黑、快、疯，它们也是从底部爬起来的，现在不牛不等于以后也不牛，现在狂涨不等于以后狂涨个没完。追涨须谨慎，选些盘底股，等着它变牛。

（二）长线大牛股的技术面特征

在完成了基本面的筛选之后，那么，长线大牛股在技术面又有哪些特征呢？既然是长线大牛股，其分析周期必然也应该很大才对，还记得在前面第三章我们在讲大盘牛熊市分析时引用过的一个大周期吗？对，就是45日线！通达信软件专门设置了这个周期。笔者经过反复观察，发现这一周期比月线稍大，但又比季线稍短，它是那么不引人注目，也许越不引人注目，才越符合技术标准。我们下面就来看几只典型的长线大牛股，其在45日K线图上的表现：

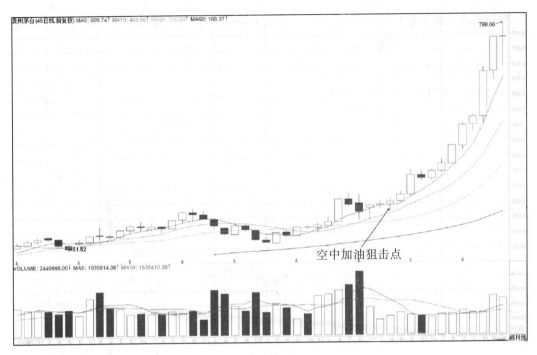

图 125　贵州茅台（600519）

图 125 是贵州茅台的 45 日 K 线图，该股是典型的绩优股，品牌具有龙头垄断性质，完全符合大牛股的条件。大家可以看到，在 2016 年 4 月 5 日这根 K 线上，股价以下影线的形式回到了空中加油狙击点，此后股价一路上涨，根据这一周期来操作，我们完全可以精准把握贵州茅台的主升浪。

有的人说，我早就看出贵州茅台是一只大牛股了，我在 2012 年就买入了，但是 2012 年的高点买入的话，和我们等到空中加油狙击点出现后再买入，其实成本相差不大，这样过早地买入，不但浪费了时间，还要经受股价反复震荡的煎熬，一旦持股人的意志稍有波动，就可能错误卖出，远不及我们等到技术信号出现再买入来得轻松、惬意！

图 126 是格力电器的 45 日 K 线图，该股已经成长为国内家电行业的标杆企业，业绩稳定增长，分红派现非常大方，也是完全符合长线大牛股的特征。下方标示箭头处都是空中加油狙击点，可以看到该股自从出现了空中加油狙击点之后一路上涨，在 2015 年 7 月 23 日这一根 K 线开盘之时出现了空中加油交易系统第三种卖出条件：上线距＞下线距，因为开盘时股价更高，所以各条均线的位置都更高，到收盘时股价跌下来，反而不符合卖出条件了。我们应该随时紧盯均线系统的变化，在开盘时达到卖出

条件就应该果断卖出！后面股价再度回到空中加油狙击点，我们又可以继续介入，此后股价一路大涨，到截图位置，又出现了第三种卖出条件，那么我们就应该获利出局了，这样的把握是不是非常的精准呢？

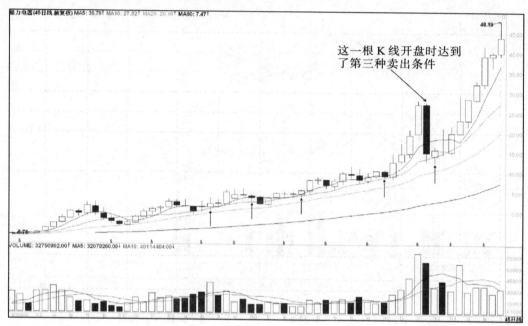

图 126　格力电器（000651）

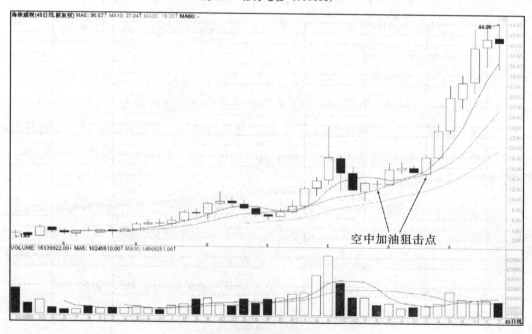

图 127　海康威视（002415）

图 127 是海康威视的 45 日 K 线图，该股经过连年高速增长，已经成长为全球排名第一的安防视频监控企业，完全符合长线大牛股的特征。该股由于上市时间不够长，60 均线还未产生，这种情况下，我们根据三根均线系统也可以进行操作，因为该股上市后总体走势都是向上的，60 均线就算产生也应该是符合多头排列的。在空中加油狙击点买入后，该股一路向上，后期该股走势进入了超强势状态，后面几根 K 线都符合第三种卖出条件，不过就算我们在第一次出现卖出条件就执行卖出的话，获利也是超过 100％的。

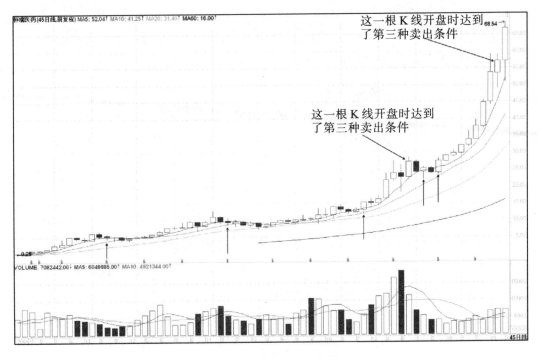

图 128 恒瑞医药 (600276)

图 128 是恒瑞医药的 45 日 K 线图，公司是国内创新药的龙头企业，连年业绩稳定增长，目前已步入创新药研发的收获期。下方标示箭头处为空中加油狙击点，可以看到该股的买点都是以下影线的形式出现的，第一次达到买点后盘中跌破了 20 均线，但我们以收盘跌破作为止损，该股收盘拉起收阳线。在 2015 年 11 月 5 日这一根 K 线的上影线部分，均线系统达到了第三种卖出条件，此时我们应该卖出，此后股价小幅调整又出现了空中加油狙击点，此时应当继续买入，后面再度迎来一轮大涨，目前最后两根 K 线又出现了第三种卖出条件，应该获利卖出。

以上我们分析了几只典型的大牛股的走势，可以看到，在基本面符合要求之后，我们从 45 日 K 线图来操作可以达到最佳的效果。孙子讲的不战而屈人之兵，并不是说不战斗，我们先来看看原文的出处：

"不战而屈人之兵"出自《孙子兵法·谋攻篇》："凡用兵之法，全国为上，破国次之；全军为上，破军次之；全旅为上，破旅次之；全卒为上，破卒次之；全伍为上，破伍次之。是故百战百胜，非善之善者也；不战而屈人之兵，善之善者也。"注解：屈：低头，降服；兵：军队，军事力量。

译文如下：

孙子说：衡量战争取胜的一般原则是，以能使敌国完整无损的降服于我为上策，而攻破敌国使其残缺受损便略逊一筹；能使敌人一军（12500 人为一军）将士完整无缺全员降服为上策，而动武力击溃敌人一个军，便略逊一筹；能使敌人一旅（500 人为一旅）将士完整无缺全员降服为上策，而用武力击溃敌人一个旅便略逊一筹；能使敌人一卒（100 人为一卒）官兵全员降服为上策，击溃一卒兵众就差一等了；能使敌人一伍（5 人为一伍）士卒全员降服为上策，击溃一伍士卒就差一等了。所以百战百胜，虽然高明，但不是最高明的；在攻城之前，先让敌人的军事能力（包括指挥能力和作战能力）严重短缺，根本无力抵抗，才是高明之中的最高明。

由是观之，不战而屈人之兵的真正含义应该是要努力争取最大的战果，尽量减少具体的战斗，尤其是战果不大的战斗。在股市上，能够与之相提并论的恐怕就只有抓长线大牛股了，因为只有抓住了长线大牛股的主升浪阶段，才算是做到了"全国为上"，操作一百次都盈利，不如操作一次长线大牛股的利润来得大。这也是每一个投资者朋友梦寐以求的。笔者相信，在未来的岁月里，随着中国经济的发展，A 股市场肯定还会不断涌现出更多的长线大牛股，希望读者们能够参考本书给出的方法，精准把握住这些机会！

第七章
笔者经典战例及投资感悟

2007
2010
2013

本章第一节笔者将自己历年应用空中加油交易系统在 A 股市场上操作的经典战例——列出，其中有成功的喜悦，也有失败的教训，但总体来说由于笔者大体坚持了按照空中加油交易系统来全程指导交易，最后的结果总是大赚小亏。笔者还没有总结出空中加油交易系统之前，在市场上是吃够了苦头的，由于之前的操作毫无章法可言，在此就不举例说明了。笔者深感，有了成体系的交易系统，就像在大海中航行有了舵手，在股海之中遨游才有了明确的目标和实现它的手段，就算舵手有时也会偏离航向，但我们可以有理有据地重新矫正，这正是"不惧风急浪高，只因手握定海神针"。

　　多年证券咨询投资顾问的从业经历，让笔者看到了太多的股民朋友们迷失在波诡云谲的市场之中，不可自拔。笔者再结合自身操盘的经历，感触良多。笔者深感停留在低层次的投资者所承受的苦痛，因此本章第二节笔者就主要讲述了自己多年来的投资感悟。磨刀不误砍柴工，只有当投资者悟出了投资的真谛，提升了自己的投资层次，最终才能实现投资获利的梦想。

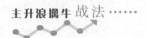
第一节 ◖ ● ●

历年经典战例回顾

下面笔者以时间顺序举例介绍历年的一些经典战例。

笔者运用均线法则指导股票操作始于 2006 年—2007 年的那一轮史无前例的大牛市。2006 年的历史性转折从技术上的反转开始，再加上"股改"的东风，以及人民币升值吸引外资流入，几个因素的叠加，形成了一轮大牛市。

但在当时，笔者的交易系统还不成熟，还没有形成完善的交易系统，只是简单地运用均线来判断个股的强弱、趋势，但在牛市之中，笔者成功抓住了几只大黑马，事后经过复盘分析，都非常完美地符合空中加油交易系统的指示，笔者的交易系统也逐步完善起来。下面，我们就来回顾一下当时笔者的几次成功的操作。

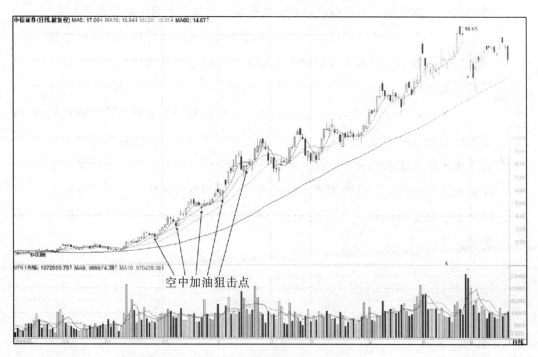

图 129　中信证券（600030）

图 129 是中信证券在 2006 年底至 2007 年上半年的走势图，笔者从 2006 年底出现

第一次空中加油狙击点就开始操作该股，前后 4 次买入，虽然买点把握还不算非常到位，但每一次都能够获利 7%—15%，图中一共指示出来 5 次空中加油狙击点，笔者操作了前面 4 次，最后一次感觉涨幅太大而没有买入。可惜当时笔者并未意识到那是一次大牛市，如果看周线，一路持有的话，获利幅度将极为可观！

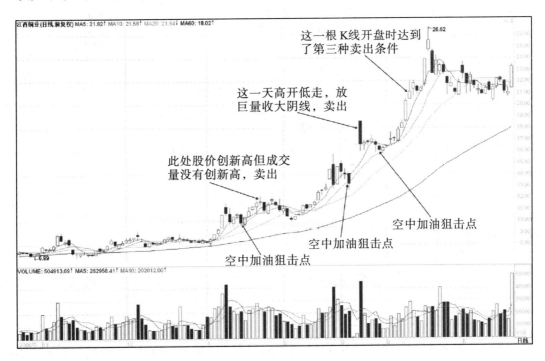

图 130　江西铜业（600362）

　　图 130 是江西铜业在 2006 年底至 2007 年 5 月的一段走势图，可以看到该股进入 2007 年之后均线系统开始形成多头排列，股价也连续上涨。当时有色金属是市场大热点，笔者也重点操作了该股，前后三次介入。第一次是 2007 年 1 月 17 日股价缩量回调进入空中加油狙击区，笔者果断买入，此后该股连续几天小涨创新高，但成交量并未突破此前两天的大量，笔者选择了获利卖出。第二次是 2007 年 3 月 5 日股价盘中大幅回落，笔者观察该股均线系统多头排列非常流畅，就在 MA10 附近果断买入，当天虽然股价跌破并收盘在 MA10 下方，但第二天因故停牌。复牌后该股连续两天空心涨停，第三天涨停开盘但瞬间放巨量打开并迅速回落，笔者在该股翻绿之前卖出。第三次是 2007 年 3 月 29 日该股全天在 MA5 和 MA10 之间缩量震荡，笔者观察到该股均线系统多头排列仍然很流畅，加之当时牛市氛围强烈，于是再次买入。此后该股迎来一轮强势拉升，8 个交易日大涨超过 30%，于 4 月 11 日出现了第三种卖出条件，笔者果断清

仓卖出。这三次成功的操作一共获利超过 70%，笔者在获取满意收益的同时也对空中加油交易系统产生了更强的信心。

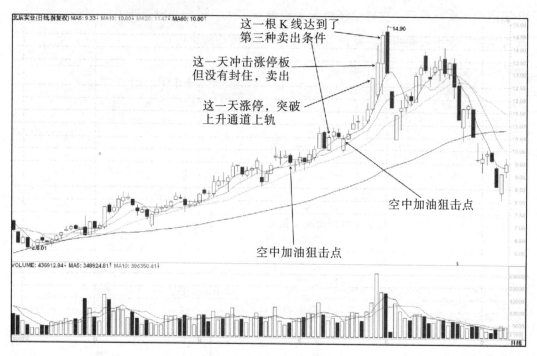

图 131　北辰实业（601588）

　　图 131 是北辰实业在 2017 年 2—7 月的走势图，该股是笔者在 2007 年大牛市操作的又一只牛股，当初笔者看好他上市时间不满一年，有次新股的优势。该股在 4 月 24 日跳空创新高后连续高位横盘，4 月 27 日股价缩量回到空中加油狙击点，当时均线系统多头排列流畅向上，笔者果断买入。随后三天该股上下震荡，虽然盘中曾经瞬间跌破 MA20，但收盘仍站上 MA10，笔者坚定持有直到 5 月 16 日出现了第三种卖出条件，获利 10% 左右卖出。此后该股均线系统继续向上发散，笔者看好其上升趋势还未结束，一直等待买点。5 月 21 日该股大幅低开在 MA10 以下，开盘后迅速拉起回到空中加油狙击点，笔者再次果断买入。这一次该股连续拉升并在 5 月 29 日封住涨停板。第二天消息面出现重大变故，"5·30"事件爆发，大盘大幅下挫，但该股低开后迅速拉升冲击涨停板。笔者鉴于该股短线拉升已经突破了此前形成的上升通道，同时大盘有可能出现系统性风险，因此选择了获利了结。其后的 5 月 31 日该股继续大涨，并且出现了第三种卖出条件，如果能够持有到这一天再卖出，就可以卖在最高位。

　　2008 年股市出现了大熊市，个股纷纷持续暴跌，笔者没有严格遵循交易系统的买入条件，也受到了不小的损失，经此失误以后，笔者常常警醒自己，一定要管住手，在交易系统没有发出买入信号之前，一定要坚决空仓等待。在此后的几年，股市出现反弹行情，个股机会也多了起来，笔者又陆续根据交易系统的买入法则抓住了多只个股的短线机会。

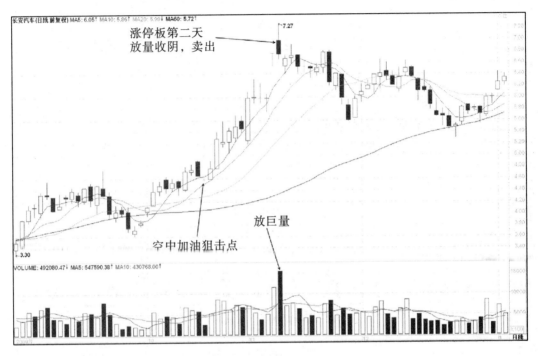

图 132 长安汽车（000625）

图 132 是长安汽车在 2009 年底的走势，10 月 22 日股价缩量回到空中加油狙击区，笔者果断买入，一路持有到 11 月 12 日，因为出现涨停板之后高开大阴线，而且放巨量，综合情况很可能主力出货，笔者也在接近收盘之时果断清仓卖出。

图 133 显示了精功科技在 2010 年底的一波大涨行情，笔者从 2010 年 8 月就选出了该股，但当时该股上涨斜率较低，这种情况机会不大。但笔者一直在关注他的机会，终于该股进入 10 月后开始加速向上，笔者决心操作个股，就等回调机会。10 月 22 日该股缩量回踩MA5 以下，作者发现当时上线距仍然大于中线距，符合第三条卖出条件，因此继续等待更好的买点。10 月 28 日该股终于出现了标准的空中加油狙击点，笔者果断买入，当天获利5%，第二天大涨 8.4%，第三天涨停，第四天盘中冲高 4%。笔者选择了逢高卖出，短短 4个交易日获利达 33%！此后该股略作震荡后还在继续拉升，发现这是一只超强势牛股后，笔者继续跟踪该股。12 月 3 日和 12 月 6 日该股又回到了空中加油狙击点，但均线系统同样也符合第三个卖出条件，因此笔者继续等待。12 月 7 日该股上午一直在空中加油狙击点内

运行，同时均线系统也完全符合买入条件，笔者再度果断买入。当天获利 6％，第二天涨停，第三天冲高。笔者看到不能涨停选择了获利出局，三个交易日获利 22％!

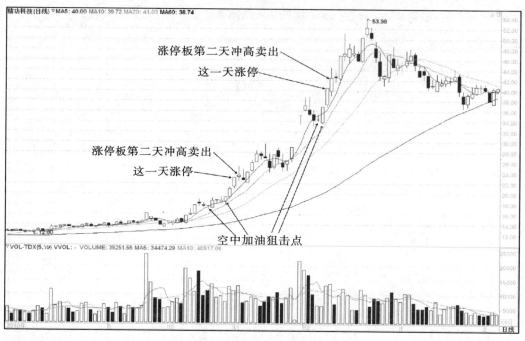

图 133　精功科技（002006）

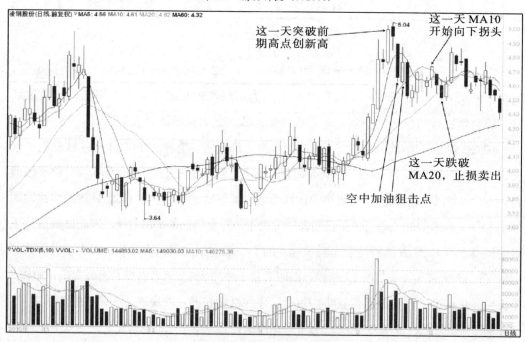

图 134　凌钢股份（600231）

208

图 134 是凌钢股份在 2010 年 10 月至 2011 年 3 月的走势图，该股是笔者操作失败的一只个股，我们回头再来看这一次操作的失败，也可从中吸取教训。从 2011 年 2 月 10 日开始该股连续并于 2 月 16 日突破了前期高点创新高，均线系统也形成了较为陡峭的多头排列。2 月 18 日该股以一根大阴线跌回到空中加油狙击点，但成交量萎缩不明显，笔者决定再观察一下。2 月 21 日该股回踩不破 MA10，当天收阳线，笔者在接近收盘时买入。第二天该股再度收大阴线跌破 MA10，此后小幅震荡。3 月 1 日该股收小阳线，但 MA10 已经明显向下拐头，符合交易系统所规定的第二条卖出条件，此时如果卖出亏损幅度不到 1％，但笔者想第二天回本再卖。结果后面连跌两天，3 月 3 日收盘跌破 MA20，笔者无奈只能止损卖出，亏损超过 5％。我们现在总结这次失败的教训，首先是 2011 年的大盘比较低迷，个股机会不多，笔者操作该股有些勉强，主要是该股均线系统刚刚形成多头排列，比较陡峭，缺少一个长时间酝酿走强的过程，本身可持续不强。这是笔者耐心还不够的表现，没有等到最佳的机会再操作，其次是笔者还存有侥幸心理，没有在符合第二卖出条件时果断出手，这就是心性修炼还不到家的表现。出现问题并不可怕，可怕的是投资者不知道自己哪里有问题，笔者知道自己的问题在哪里，此后就重点加强了这方面的修养，尽量做到一次比一次更好。

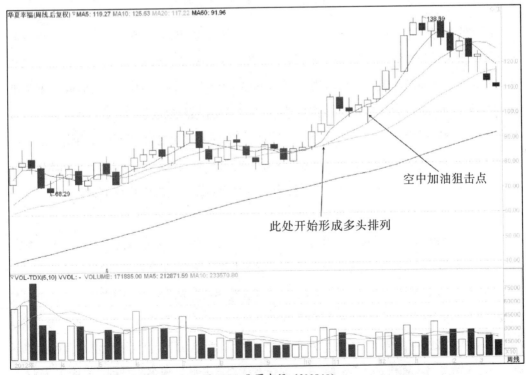

空中加油狙击点

此处开始形成多头排列

图 135　华夏幸福（600340）

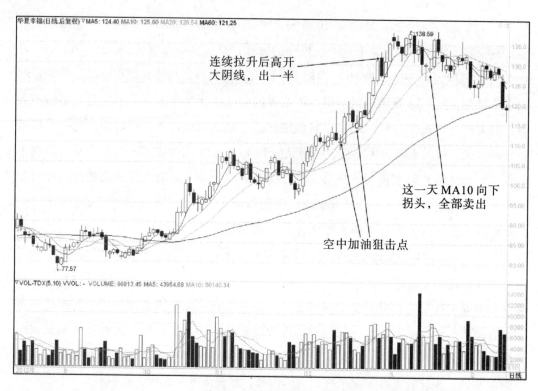

连续拉升后高开
大阴线，出一半

这一天 MA10 向下
拐头，全部卖出

空中加油狙击点

图 136　华夏幸福（600340）

　　图 135 是华夏幸福在 2012 年 3 月至 2013 年 4 月的周线图，笔者先确定了该股周线形成良好的多头排列再从日线图上面寻找买点。图 136 是华夏幸福 2012 年 8 月至 2013 年 2 月的日线图，上面已经确定了该股周线图形成多头排列，现在日线图上也形成了多头排列，12 月 13 日和 12 月 19 日股价两次回到空中加油狙击点形成良好买点，笔者第一次就重仓买入。随后股价连续拉升，12 月 27 日出现了连续大阳线之后的高开大阴线，虽然没有放巨量，但为了锁定一部分利润，笔者选择了卖出一半仓位。此后股价继续高位震荡，直到 2013 年 1 月 17 日 MA10 明显向下拐头，笔者全部卖出，总体获利 15％以上。

　　2014—2015 年，股市再度出现了一轮大牛市，这一次笔者的交易系统已经较为完善，成功地运用它抓住了一只大黑马股，下面我们就回顾一下这只股票。

　　图 137 是银之杰在 2015 年中的走势图，该股是笔者操作的最经典战例之一，2 月份笔者先操作了一次，2 月 13 日该股缩量回踩 MA10 不破，买入条件完全符合，笔者果断买入。此后连续两天涨停，在停牌几天后 2 月 25 日复牌高开低走，当天收大阴线，笔者在盘中下跌 4％时果断卖出，获利 16％。3 月 18 日均线系统再次开始形成多头排列，3 月 31 日这一

天股价低开回到空中加油狙击点，笔者果断买入。此后股价震荡一天后连续停牌，复牌后连续涨停板，5月29日盘中涨停板打开之后，笔者清仓卖出，获利高达88%。

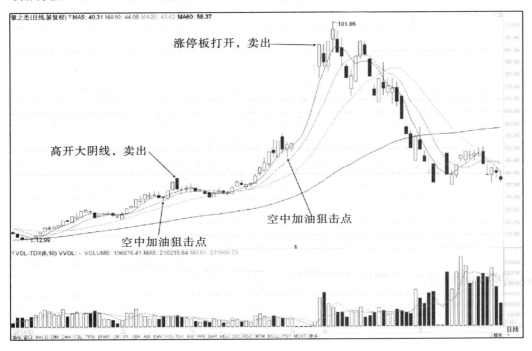

图137　银之杰（300085）

图138　申万宏源（000166）

图138是银之杰在2015年1至7月的走势图，该股5月29日缩量回到空中加油狙

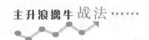
击点，笔者果断买入。此后该股虽有上涨，但幅度不大，笔者继续持有，直到 6 月 16 日收盘跌破 MA20，这一天 MA10 也开始向下拐头，两个卖出条件都符合了，笔者止损卖出，亏损 2% 左右。

　　2015 年上半年的大牛市之中，许多股民都赚得盆满钵满，笔者对银之杰的操作获利可以说非常普通，但是笔者严格按照空中加油交易系统来选股，进入 2015 年 6 月之后笔者发现很难选出符合交易系统的个股，申万宏源是少数还未暴涨的个股，同时又是次新股，在出现空中加油狙击点之时笔者果断买入，但后面卖出条件出现后也严格止损了，亏损幅度非常小。此后笔者没有再选出符合交易系统买点的个股，因此严格空仓等待，从而完全规避了后面的股灾，这就是交易系统带给我们的最大优势。

　　2016—2018 年，大盘总体进入弱势震荡阶段，系统性机会不再出现，但个股机会仍然层出不穷，下面介绍几只笔者运用交易系统抓住的典型牛股。

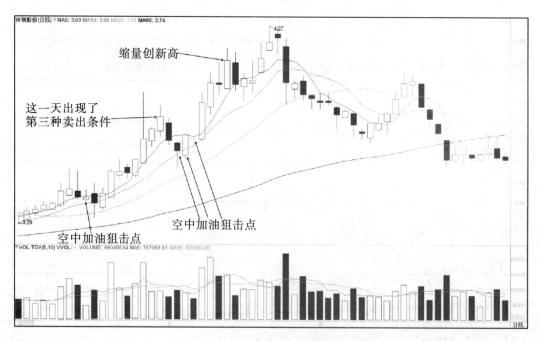

图 139　河钢股份（000709）

　　图 139 是河钢股份在 2017 年初的走势图，1 月 13 日第一次出现空中加油狙击点，笔者果断买入，到 1 月 26 日出现第三种卖出条件，获利出局。2 月 6 日股价再次缩量回踩，出现第二次空中加油狙击点，笔者再度介入，2 月 14 日该股缩量创新高，笔者考虑其作为大盘股，加之大盘不强，没有恋战，选择获利出局。两次操作该股，一共

获利 25%，在弱势之中也算很不错了！

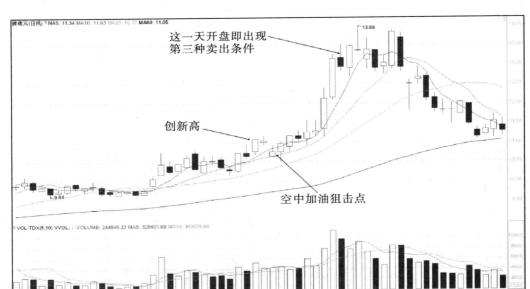

图 140 健康元（600380）

图 140 是健康元在 2017 年底的一段日 K 线图，该股从股价创新高就被笔者注意到，10 月 27 日回档到空中加油狙击点果断买入，此后连续几个交易日拉升，在 11 月 8 日开盘即出现第三种卖出条件，笔者果断卖出。

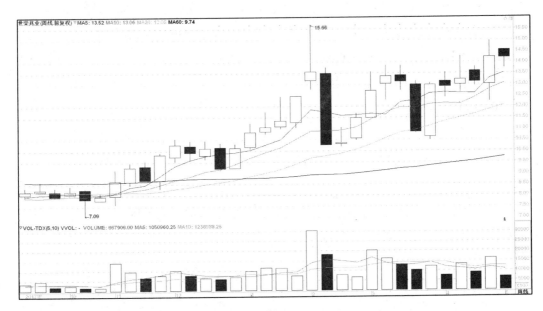

图 141 世荣兆业（600380）

213

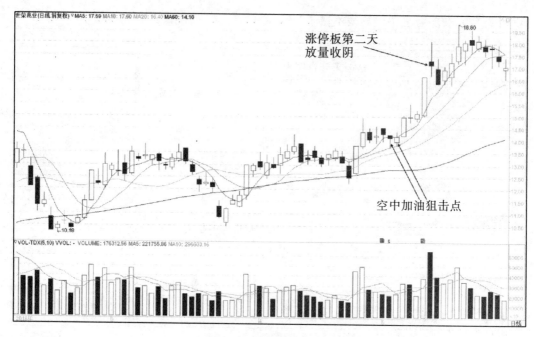

涨停板第二天
放量收阴

空中加油狙击点

图 142　世荣兆业（600380）

图 141 是世荣兆业截至 2018 年 5 月初的周 K 线图，可以看到该股周线图上保持良好的多头排列，均线系统流畅向上发散，笔者于是开始从日线图上寻找机会。图 142 所示，该股 5 月 3 日和 5 月 4 日连续两天缩量回到空中加油狙击点，虽然当时符合上线距大于中线距的卖出条件，但是考虑到该股周线趋势良好，业绩也非常好，该股主业房地产也正处于风口浪尖，该股所在地珠海受益于即将建成通车的港珠澳大桥，几重利好全部聚集，笔者判断该股短线很可能会有一波拉升，因此重仓买入。其后该股果然连续拉升并于 5 月 10 日封住涨停板，5 月 11 日该股高开低走放巨量收阴线，笔者卖出，获利 21％以上。

由于大盘整体还未进入牛市，笔者也是以短线操作为主，所做个股数量较多，在此就不一一举例了，但笔者坚持按照空中加油交易系统来操作，在最近几年的震荡市中仍然获利颇丰，未来一旦出现牛市，笔者相信能够获取更大的胜利。希望读者朋友们早日建立自己的交易系统，投资成功！

第二节

我的投资感悟

　　股票做得时间长了，笔者感到有许多话想说，但是话到嘴边，又觉得都不过是老生常谈。笔者在若干年前就听到过一个说法，深以为然，在此分享给广大读者——

　　做投资，就像治病！

　　人一出生就带着各种"病"，当然这里的病不是指生理上的有形病痛，而是指无形的"大脑中的病"，包括急躁、迟钝、冲动、麻木、胆怯、鲁莽、盲从、固执、贪婪、恐惧、侥幸……

　　从事其他行业的人，都能够想办法规避掉自己的病，从事与自身毛病不产生大矛盾的某一行业，或者某一岗位。但是投资这个行当却不行，他要求一个投资者必须自己一个人独立地、完完整整地完成投资的全过程，在此期间投资者任何一方面的小"病情"，就会导致最终投资的失败亏损。要想投资进入稳定盈利的光辉大道，就必须先治好所有的病！在此过程中没有任何人能够真正帮到一个投资者，就算有人愿意帮助你，但这需要你先放弃自己的价值观转而接受他的价值观，这恐怕比给自己治病更难。所以一个投资者的成长过程，就是一个治病的过程，而且这个病还得你自己来治，因为这个治疗的过程必须你自己从内心接受，并自觉坚持！不得不说，这在相当程度上是反人性的，而且悲观一点说，大多数人注定一辈子都治不好自身的毛病，也就达不到在金融市场稳定盈利的最终目标。

　　但是，总有那么一些人，拥有坚韧的毅力，能够通过不断地自我总结、改正，从头再来，最终治好自己所有的毛病！这样的人一定是一个思想、性格、行为方式等各方面都非常平衡的人，也是我们常说的平常心，笔者想大概只有我们传统文化中颇具神圣性的一个词来形容这样的人才最恰当吧，那就是——中庸。

　　《中庸》原文之中，对中庸的定义如下："喜怒哀乐之未发谓之中，发而皆中节谓之和。中也者，天下之大本也，和也者，天下之达道也。"意思就是人的内心没有发生喜怒哀乐等情绪时，称之为中。发生喜怒哀乐等情绪时，始终用中的状态来节制情绪，就是和。中的状态即内心不受任何情绪的影响，保持平静、安宁、祥和的状态，是天下万事万物的本来面目。而始终保持和的状态，不受情绪的影响和左右，则是天下最高明的道。展开来说，古人言"圣人不动情"即内心不发生喜怒哀乐的情绪，始终是平静、安宁、祥和的状态，此为中的状态。动情时，也始终用平静、安宁、祥和的内心来控制情绪，不被情绪所牵引和左右，此即"真常须应物，应物要不迷"的修行目标和修行标准。由此看来，我们的老祖宗早就给后人指明了修行的路径啊！

　　针对股民朋友们最常犯、最难改正的几个毛病，笔者在此不厌其烦地再讲两个小故事，帮助大家想通其中的道理，早日悟道，提升自己的层次：

故事一：

　　某著名的推销大师，即将告别他的推销生涯，应行业协会和社会各界的邀请，在城中最大的体育馆，做告别职业生涯的演说。当天，会场座无虚席，人们在热切地、焦急地等待着这位当代最伟大的推销员作精彩的演讲。当大幕徐徐拉开，舞台的正中央吊着一个巨大的铁球，台上搭起了高大的铁架。一位老者在人们热烈的掌声中，走了出来，站在铁架的一边。人们惊奇地望着他，不知道他要做出什么举动。这时两位工作人员，抬着一个大铁锤，放在老者的面前。

　　主持人这时对观众讲："请两位身体强壮的人，到台上来。"好多年轻人站起来，转眼间已有两名动作快的跑到台上。老人这时开口和他们讲规则，请他们用这个大铁锤，去敲打那个吊着的铁球，直到把它荡起来。一个年轻人抢着拿起铁锤，拉开架势，抡起大锤，全力向那吊着的铁球砸去，一声震耳的响声，那吊球动也没动。他就用大铁锤接二连三地砸向吊球，很快他就气喘吁吁。另一个人也不示弱，接过大铁锤把吊球打得叮当响，可是铁球仍旧一动不动。台下逐渐没了呐喊声，观众好像认定那是没用的，就等着老人做出什么解释。

　　会场恢复了平静，老人从上衣口袋里掏出一个小锤，然后认真地面对着那个巨大的铁球。他用小锤对着铁球"咚"敲了一下，然后停顿一下，再一次用小锤"咚"敲了一下。人们奇怪地看着，老人就那样"咚"地敲一下，然后停顿一下，就这样持续地做。十分钟过去了，二十分钟过去了，会场早已开始骚动，有的人干脆叫骂起来，人们用各种声音和动作发泄着他们的不满。老人仍然一小锤一停地工作着，他好像根本没有听见人们在喊叫什么。人们开始愤然离去，会场上出现了大块大块的空缺。留下来的人们好像也喊累了，会场渐渐地安静下来。

　　大概在进行到四十分钟的时候，坐在前面的一个妇女突然尖叫一声："球动了！"

霎时间会场鸦雀无声，人们聚精会神地看着那个铁球。那球以很小的弧度动了起来，不仔细看很难察觉。老人仍旧一小锤一小锤地敲着，人们好像都听到了那小锤敲打吊球的声响。吊球在老人一锤一锤的敲打中越荡越高，它拉动着那个铁架子"哐、哐"作响，它的巨大威力强烈地震撼着在场的每一个人。终于场上爆发出一阵阵热烈的掌声，在掌声中，老人转过身来，慢慢地把那把小锤揣进兜里。老人开口讲话了，他只说了一句话："在成功的道路上，你没有耐心去等待成功的到来，那么，你只好用一生的耐心去面对失败。"

故事二：

严寒的冬季，在一片茂密的大森林里走着 4 个瘦得皮包骨头的男子，他们扛着一只沉重的箱子，在茂密的丛林里跟跟跄跄地往前走。这 4 个人我们叫他们：老张、老王、老李、老赵，他们是跟随队长老陈进入丛林探险的。老陈曾答应给他们优厚的工资，但是，在任务即将完成的时候，老陈不幸得了病而长眠在丛林中。

这个箱子是老陈临死前亲手制作的。他十分诚恳地对 4 人说道："我要你们向我保证，一步也不能离开这只箱子，也不准中途打开它，一旦打开，里面的东西就会挥发掉。如果你们把箱子送到我朋友周教授手里，你们将分得比金子还要贵重的东西。我想你们会送到的，我也向你们保证，比金子还要贵重的东西，你们一定能得到。"

埋葬了老陈以后，4 个人就上路了。但密林的路越来越难走，箱子也越来越沉重，而他们的力气却越来越小了。他们像囚犯一样在泥潭中挣扎着。一切都像在做一场噩梦，而只有这只箱子是真实存在的，是这只箱子在撑着他们的身躯！否则他们全倒下了。他们互相监视着，不准任何人单独乱动这只箱子。在最艰难的时候，他们想到了未来的报酬是多少，当然，有比金子还重要的东西……

终于有一天，绿色的屏障突然拉开，他们经过千辛万苦终于走出了丛林。4 个人急忙找到周教授，迫不及待地问起应得的报酬。周教授似乎没听懂，只能无可奈何地把手一摊，说道："我是一无所有啊，噢，或许箱子里有什么宝贝吧。"于是当着 4 个人的面，周教授打开了箱子，大家一看；都傻了眼，满满一堆无用的木头！

"这开的是什么玩笑？"老张说。

"一钱不值，我早就看出那家伙有神经病！"老李道。

"比金子还贵重的报酬在哪里？我们上当了！"老王愤怒地嚷着。

此刻，只有老赵一声不吭，他想起了他们刚走出的密林里，到处是一堆堆探险者的白骨，他想起了如果没有这只箱子，他们 4 人或许早就倒下去了……老赵站起来，对伙伴们大声说道："你们不要再抱怨了。我们得到了比金子还贵重的东西，那就是生命！"

老陈是个智者，而且是个很有责任心的人。从表面上看，他所给予的只是一堆谎言和一箱木头；其实，他给了 4 个人行动的目的。人不同于一般动物之处是人具有高级思维能力，因此人就无法和动物一样浑浑噩噩地生活，人的行动必须有目的。有些目的最终仍无法实现，但至少，他们曾经激励并支撑了我们的一段生活，这就值得感谢。现代人的无聊、厌世、缺少激情，其病根，大都在于目的的缺失。说到底，我们还得有所追求才好。

全世界炒股的人不计其数，大家公认的股神却只有巴菲特一个。巴菲特的投资理念浅显得如同一杯白开水，可是真正能 40 年如一日和他共享这杯水的人，却没几个。其实，巴菲特的超强定力并非来自超人的智慧和胆识，而是他对价值投资带有一种绝对崇敬的信仰。这种信仰已经超越了对金钱的追求，他一生的投资生涯与其说是追逐财富，还不如说是在为价值投资到底灵不灵求解。他名下数百亿美元的资产只不过是破解这个问题的副产品，是组成这个答案的一部分。

也许我们怀着信念，经过"寒冬的密林"之后，我们就得到了比短期利润还重要的东西，那就是财务自由！

进入 2018 年，市场形势发了新的变化，投资者要吸取教训，总结经验。股市其实是一场心理战，谁能把握规律并遵循规律，谁就能成为股市的大赢家。有人说失败是成功之母，实际上经验和教训才是真正的成功之母。一年之计在于春，先不要仓促参加战斗，需要的是冷静思考、充分备战。技术面、基本面要学，但更重要的是要学习理念，遵循股市规则。最后，祝读者朋友们投资顺利！

后记

　　股市是一个给人无限希望的地方，股市也是一个让人伤心失望的地方。笔者写作此书的目的有两个：一是希望以此记录自己在Ａ股市场奋斗多年的阶段性成果，记录在市场中的成败得失和所感、所悟；二是希望把自己的一颗心交给读者，并且广大读者朋友们能够从我的经验教训中有所启示和收获。

　　白驹过隙，时光匆匆而过，屈指算来，笔者投身股市已有13个年头。回首过去，笔者除了实际操作股票，已经养成了经年累月读书的习惯，读书也成了笔者最惬意的休闲方式。读的多了，会不由得回过头去，对记忆里那些白纸黑字的东西进行回望和打量。与此同时，随着年岁增长，笔者也很想提起笔来真诚抒写个人在这些年来的所思所想，使那些铭刻于心的东西，能够鲜活而长久地保存下来，留在不断老去的岁月之中。幸运的是，一次与好友、财经作家姚茂敦交流，他鼓励我大胆拿起笔，将自己积累多年的股市投资心得写出来分享给更多读者，得此知音，我兴奋莫名，立即进行了精心准备。

　　作为一个爱书之人，我已经记不清看过或买过多少书。此前，总认为写作并不难，如今，当自己真正拿起笔，才发现事情并没有想象的那么简单。创作是一个特殊和美妙的经历。尽管，有时会产生莫名的烦躁，但更多的是满足和快乐。这段经历能够让我宠辱不惊地面对浮华世界中的一切，拒绝浮躁，宁静而淡泊地生活。而最让我感到幸福的是，写作本书让我走向真正的成熟。

　　从一个读者转变成一个作者，对我来说，是一种心智的成熟，阅读感知的提高，也由此产生了对文字和精神世界的敬畏。随着时光的流逝和年龄的增长，所有的记忆都清晰而真切起来。不管是甜蜜的还是酸楚的，幸福的还是痛苦的，那些陈旧、悠远的故事以鲜活的案例激发起我对于阅读和写作的全部兴趣。

多年来，天天面对波诡云谲的证券市场以及变幻莫测的股价，笔者常常陷入沉思，一直在思索市场的真谛到底是什么，里面到底隐藏着哪些不为人知的秘密，为此，我一直在追寻着，此生没有归期。

本书就像是我的孩子，倾注了我的汗水和心血；它不仅是我多年苦苦思索的一个小结，也是未来继续提升的一个起点。在写作过程中，我的领导、同事和朋友们给予了大力支持和鼓励，如今，它要呱呱坠地了，我像一个收获时节的果农，既充满无限期待，也有些许不安。我希望自己的文字有生命、有力量，能够带给大家一点收获，我就心满意足了。

在本书付梓之前，有好多话想说。但最想说的，还是感谢：

感谢忙碌而紧张的生活，它给予我的，永远超出我的想象。

感谢那些陌生而又熟悉的文字，让我得以存留了过去的一个剪影，指示未来的努力方向。

感谢我的亲人，你们的爱永远是人间最优美、最动人的文章。

感谢四川人民出版社的编辑老师和优质财经内容机构考拉看看·金知创始人、财经作家姚茂敦先生，是你们的支持和鼓励让我走上了写作之路。

当然，最值得感谢的是，是所有有缘阅读本书的朋友，祝你们家庭幸福，在股市投资上不断斩获大牛股！